「特別の教科 道徳」の評価
通知表所見の書き方&文例集

小学校 低学年

道徳評価研究会 代表　尾高 正浩 編著

日本標準

はじめに

　道徳の時間が「特別の教科　道徳」（以下，道徳科）になることで，何が変わるのでしょうか。現場の先生方にとっていちばん関心があるのは，「評価をどうするか」だと思います。

　本書は，文部科学省が設置した「道徳教育に係る評価等の在り方に関する専門家会議」（以下，専門家会議）による「『特別の教科　道徳』の指導方法・評価等について（報告）」（以下，報告書）と「小学校学習指導要領解説　特別の教科　道徳編」（以下，解説）を踏まえて，道徳科の評価として通知表の所見をどのように書けばよいのかを豊富な文例で具体的に示したものです。

　本書の特長は，以下の通りです。
①子どもを見取るポイントになる４つの視点を踏まえた所見の書き方がわかること。
②子どもの「よさ」や「育った姿」別に文例をキーワードで整理することで，子どものよさや成長に合った文例が見つけやすいこと。
③一人一人の子どもの成長に合わせて，◎（とても成長した子どもへの所見），○（成長した子どもへの所見），☆（成長しようと頑張っている子どもへの所見）の３パターンの文例があること。

　なお，報告書や解説では，評価は「個々の内容項目ごとではなく，大くくりなまとまりを踏まえた評価とする」と書かれていますが，本書では，現場の先生方の使いやすさを考慮して，内容項目別に文例をまとめています。子どもたちのよさや成長に合わせて，それぞれの文例を組み合わせたり，文章をアレンジしたりしてみてください。

　本書の文例を参考にして，子どもたちが自信をもち，自分を好きになれるとともに，保護者に確かな見通しを与えられるような所見が生み出されることを期待します。

　　　2018年　2月

　　　　　　　　　　　　　　　　　　　道徳評価研究会
　　　　　　　　　　　　　　　　　　　代表　尾高　正浩

目　次

はじめに … 3

第1章　新しい道徳科の評価

- ◆ **どうするの？　道徳科の評価** … 8
- 1　道徳科の目標と評価のポイント … 9
- 2　道徳科と学校教育全体を通じて行う道徳教育の関係 … 10
  - **column 1**　道徳科を中心としたプログラムをつくろう！ … 10
- 3　道徳科の評価の工夫と配慮 … 11
- 4　評価のための資料の生かし方 … 13
  - **column 2**　子どもの自己評価を評価に生かそう！ … 15
- 5　略案から見る評価のポイント … 16
  - **column 3**　指導方法によって評価は違うの？ … 16
- ◆ **所見を書く前に知っておきたい低学年の特徴** … 18

第2章　所見の書き方

- 1　所見を書くポイント … 22
- 2　所見の要素と組み立て … 24
- 3　所見の書き方の留意点 … 26
  - **column 4**　子どものやる気アップにつながる見方のヒント … 26
- ◆ **ここが知りたい！　道徳科の評価　Q＆A** … 28

第3章　低学年の所見＊文例集＊

A　主として自分自身に関すること

善悪の判断，自律，自由と責任 … 34

正直，誠実 … 36

節度，節制 … 38

個性の伸長 … 40

希望と勇気，努力と強い意志 … 42

B　主として人との関わりに関すること

親切，思いやり … 44

感謝 … 46

礼儀 … 48

友情，信頼 … 50

C　主として集団や社会との関わりに関すること

規則の尊重 … 52

公正，公平，社会正義 … 54

勤労，公共の精神 … 56

家族愛，家庭生活の充実 … 58

よりよい学校生活，集団生活の充実 … 60

伝統と文化の尊重，国や郷土を愛する態度 … 62

国際理解，国際親善 … 64

D　主として生命や自然，崇高なものとの関わりに関すること

生命の尊さ … 66

自然愛護 … 68

感動，畏敬の念 … 70

総合所見

総合所見 … 72

資料 小学校学習指導要領解説　特別の教科　道徳編
第5章　道徳の評価 … 76

第1章
新しい道徳科の評価

道徳科の評価について
どう考えればよいのでしょうか。
評価のおさえどころは？
子どもの見取り方は？
本章でポイントを示します。

◆どうするの？ 道徳科の評価

第1章 新しい道徳科の評価

1 道徳科の目標と評価のポイント

　道徳科の目標は,「道徳教育の目標に基づき,よりよく生きるための基盤となる道徳性を養うため,道徳的諸価値についての理解を基に,自己を見つめ,物事を多面的・多角的に考え,自己の生き方についての考えを深める学習を通して,道徳的な判断力,心情,実践意欲と態度を育てる」(解説p.16)です。この目標から,道徳科で求められる学習の方向性や,評価の際の子どもたちの見取りのポイントが見えてきます。

> **子どもたちの学習状況と道徳性に係る成長の様子を見取るポイント**
> ❶道徳的諸価値について理解したか。
> ❷自己を見つめられたか。
> ❸物事を多面的・多角的に考えられたか。
> ❹自己の生き方についての考えを深められたか。

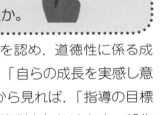
ここがポイント!

　道徳科における評価は,子ども一人一人のよさを認め,道徳性に係る成長を促すために行います。子どもの側から見れば,「自らの成長を実感し意欲の向上につなげていくもの」であり,教師の側から見れば,「指導の目標や計画,指導方法の改善・充実に取り組むための資料」となります。報告書や解説では,道徳科の評価の在り方について次のように基本的な考え方がまとめられています。

> **道徳科の評価の在り方**
> ●道徳科の学習活動における児童の具体的な取り組み状況を,一定のまとまりの中で,学習活動全体を通して見取る。
> ●個々の内容項目ごとではなく,大くくりなまとまりを踏まえた評価とする。
> ●他の児童との比較による評価ではなく,児童がいかに成長したかを積極的に受け止めて認め,励ます個人内評価として記述式で行う。
> ●学習活動において,一面的な見方から多面的・多角的な見方へと発展しているか,道徳的価値の理解を自分自身との関わりの中で深めているかといった点を重視する。
> (解説p.108より著者が一部要約)

　他者との比較や集団での位置を評価するのではなく,「個人内評価」として子どもたちが「自分はこんないいところがある」と自己肯定感を高めていけるような評価をすることが求められているのです。

❷ 道徳科と学校教育全体を通じて行う道徳教育の関係

　一方，学校教育全体で行う道徳教育で培われる道徳性の評価とは，道徳科も含めて学んだことが日頃の言動になっているかということです。通知表では「行動の記録」や「総合所見」で評価を行います。道徳科の授業だけではなかなか変容しない子どもたちの心の動きをしっかり見取り，認め，励まし，実践につなげていくことが大切ですね。

　解説には，「学校の教育活動全体を通じて行う道徳教育における評価については，教師が児童一人一人の人間的な成長を見守り，児童自身の自己のよりよい生き方を求めていく努力を評価し，それを勇気付ける働きをもつようにすることが求められる。そして，それは教師と児童の温かな人格的な触れ合いに基づいて，共感的に理解されるべきものである」（解説p.105）と書かれています。

　道徳科と学校教育全体で行われる道徳教育は車の両輪といわれています。それは評価においても同様です。道徳科で学んだことを，学校教育全体で行う道徳教育の場で生かす。逆に道徳教育で学んだことを，道徳科の授業に生かす。双方が関連付けられてこそ，子どもたちの心は変容するのです。「継続的に把握する」「指導に生かす」というのがキーワードです。子どもたちの心はどんどん変わっていきます。だから長いスパンで子どもたちをていねいに見取ることが必要なのです。そして，その心の変化に気付かせ，心の成長を自覚させる評価が望ましいのです。

column 1　道徳科を中心としたプログラムをつくろう！

　道徳科の授業だけで子どもたちの心の変容を求めるには難しいものがあります。道徳科の授業中はよい発言をしたのに，授業が終わった休み時間に真逆の行動をしているのを見て落胆している教師の話をよく聞きますが，それも仕方のないことなのです。子どもの心はそんなに早くは変わりません。

　そこで大切なのが，学年・学級で重点としている内容項目の道徳科の授業を選んで，その授業を中心としてほかの教育活動と関連させたプログラムをつくることです。プログラム全体を通して，子どもたちの心を育てるのです。そうすることで，道徳科の授業だけでなく，繰り返しいろいろな視点から子どもたちに考えさせたり，指導したりできるので，心の変容もしやすくなります。道徳科の授業で学んだことが生かせる場を設けることで，学びを実践でき，それを認め，励ますことができます。子どもたちは認められ，励まされることで「次もやってみよう」と思い，習慣化につながるのです。ぜひ，プログラムの中に自己評価，相互評価ができる場をつくってください。

第1章　新しい道徳科の評価

3 道徳科の評価の工夫と配慮

道徳科の評価をする際の工夫について，専門家会議の報告書・別紙2では下のように例示されています。

道徳科の評価の工夫に関する例（本専門家会議における意見より）
- 児童生徒の学習の過程や成果などの記録を計画的にファイル等に集積して学習状況を把握すること。
- 記録したファイル等を活用して，児童生徒や保護者等に対し，その成長の過程や到達点，今後の課題等を記して伝えること。
- 授業時間に発話される記録や記述などを，児童生徒が道徳性を発達させていく過程での児童生徒自身のエピソード（挿話）として集積し，評価に活用すること。
- 作文やレポート，スピーチやプレゼンテーション，協働での問題解決といった実演の過程を通じて学習状況や成長の様子を把握すること。
- 1回1回の授業の中で全ての児童生徒について評価を意識してよい変容を見取ろうとすることは困難であるため，年間35単位時間の授業という長い期間の中でそれぞれの児童生徒の変容を見取ることを心掛けるようにすること。
- 児童生徒が1年間書きためた感想文等を見ることを通して，考えの深まりや他人の意見を取り込むことなどにより，内面が変わってきていることを見取ること。
- 教員同士で互いに授業を交換して見合うなど，チームとして取り組むことにより，児童生徒の理解が深まり，変容を確実につかむことができるようになること。
- 評価の質を高めるために，評価の視点や方法，評価のために集める資料などについてあらかじめ学年内，学校内で共通認識をもっておくこと。

更に，「発言が多くない児童や考えたことを文章に記述することが苦手な児童が，教師や他の児童の話に聞き入ったり，考えを深めようとしたりしている姿に着目するなど，発言や記述ではない形で表出する児童

の姿に着目するということも重要である」(解説p.109)ことや，児童が行う自己評価や相互評価を活用すること，更には，評価が個々の教師のみに任されるのではなく，学校として，組織的・計画的に行うことが重要，と示されています。

　また，報告書や解説では発達障害などのある児童生徒への必要な配慮についても示し，発達障害などのある子を指導したり評価したりする際には，それぞれの子どもたちの学習の過程で考えられる困難さの状態をしっかり把握したうえで必要な配慮をすることを求めています。

　報告書では，「学習障害（LD）等」「注意欠陥多動性障害（ADHD）等」「自閉症等」の3つが取り上げられていますが，例えば，学習上の困難で「聞く・話す」はできても，「読む・書く」が苦手なことが多い子については，その困難さを十分把握したうえで，言語コミュニケーションの方法を文字言語のみに限定しないで，口頭で伝えることも可能としたり，また，他者との社会的関係の形成に困難がある子については，他者の心情を理解するために役割を交代して動作化，劇化したり，ルールを明文化したりするなど，学習過程において想定される子どもたちそれぞれの困難さに対する指導上の工夫が必要となります。

　評価に当たっては，それぞれの困難さの状況ごとに配慮して指導を行った結果として，その子の考えが多面的・多角的な見方へ発展したり，道徳的価値を自分のこととして捉えていたりといった学習状況や道徳性に係る成長の様子をていねいに見取ることが大切です。

　同じ考え方は海外から帰国した子や外国人の子などに対しても同様です。生活習慣の違いがあったり日本語での表現が困難だったりする子に対して，十分に配慮した対応をしていきましょう。

第1章 新しい道徳科の評価

④ 評価のための資料の生かし方

　子どもたちを評価するには，その手掛かりとなる資料が必要となります。資料となるのは，子どもたちが使う道徳ノート，ワークシート，質問紙による自己評価，教師の授業の記録や見取りなどがあります。ここでは，評価に慣れていない教師でも取り組みやすいものとして3つの資料を取り上げ，子どもの見取り方とあわせて紹介します。

❶ 道徳ノート

　国語の授業でノートを使うように，道徳科でも専用のノートが求められるのは当然の流れです。道徳ノートの評価への生かし方としては，主発問や子ども自身の振り返り，終末の場面で活用し，その日の授業のねらいを踏まえて，「今までの自分はどうだったか」「今日の学習で学んだことは何か」「これからの自分に生かすことは何か」などを書かせることをおすすめします。更に，事前に「ねらいに関わる経験の有無」などを書かせてくるのもよいし，関連する教育活動を想起させ，導入や振り返りに生かすことも考えられます。授業のあと，「学びを生かせたこと」を記録することも評価につながります。使用した教材を道徳ノートに貼るなど工夫すれば，ポートフォリオとして，心の変容を自覚できるノートになるでしょう。

❷ ワークシート

　ワークシートも評価によく使われます。書く場面として主発問に次いで多いのが，終末で学習を振り返る場面です。ねらいと関わってどのようなことに気付き，考えたかが分かる内容が多いのですが，特に終末の場合は，自分を振り返って書くので，評価に生かすことができます。ワークシートで子どもの心の変容を見取り，一人一人に対して言葉掛けできるようにしたいですね。

　ワークシートは，ファイリングして，あとで子どもたち自身がもう一度見ることで，自分の感じ方や考え方の変化に気付くことができます。子ども同士で交換して読み合う活動を取り入れれば相互評価にも役立ち，更に個人面談の際に保護者に見せたり，家に持って帰らせて保護者からコメントをもらったりすることで子どもの心の成長を共有できる利点もあります。

　ワークシートは，子どもたちが見たときに，これなら自分の考えを書きた

いと思えるシート，一目で何を書けばよいのか分かるシートでなければなりません。挿し絵を何にするか，吹き出しの大きさをどうするか，罫線は入れるのかなど，子どもたちの実態に合わせたいものです。書くだけで時間がかかるので，授業の中で書かせる場面は，2回，多くとも3回くらいがよいでしょう。

❸ 質問紙

　教師が用意した質問に答えさせることで評価に活用する方法です。一般的には，授業の終末に，自己評価として用いる場合が多いです。「真剣に考えられたか」「友達の考えを聞いて考えが変わったか」「自分の振り返りはできたか」など評価項目を工夫するとよいでしょう。また，自由記述の場合は，「授業を通して何を新しく学びましたか」や「授業後に道徳科で学んだことを生かせましたか」などと問うとよいですね。

❹ 教師による子どもの見取り

　子どものよさを見逃さないためには，教師がしっかり見取ることが大切です。座席名簿をもって，机間巡視の際にワークシートや道徳ノートに書いている姿やその内容を記録したり，グループで話し合っている姿や発言内容を記録したりしましょう。

　また，一部の子どもだけでなく，全員に発言の機会を与えることも大切です。それにはグループ学習が有効です。グループ学習では1時間の授業の中で全てのグループを見るのは無理なので，授業ごとにいくつかグループを決めて見るとよいでしょう。

　子どもが自分自身との関わりについて考えているかは，「自らの生活や考えを見直しているか」や「道徳的価値を実現することの難しさを自分事として捉えているか」などから見取ります。多面的・多角的な見方ができているかは，「道徳的な問題に対する判断の根拠やそのときの心情を様々な視点から捉えようとしているか」や，「自分と違う立場・意見を理解しようとしているか」から見取ります。

　あまり発言しない子や文章を書くのが苦手な子に対しては，教師や友達の話に聞き入り，考えを深めようとしているなど，別な形で表出する子どもの姿に着目することが求められています。

第1章　新しい道徳科の評価

column 2　子どもの自己評価を評価に生かそう！

　評価は，子どもたちを認め励まし，自分の成長を実感させ，意欲の向上につながるものであることが求められています。

　そのためには，所見を読んだ子どもたちが納得できる評価にしなければいけません。そのために有効なのが，子どもたちの自己評価です。具体的には，子どもたちによる「道徳科の学習についての振り返り」です。例えば，前期で18時間道徳科の授業を実施したとしたら，18時間分の資料とワークシートをファイルに入れておいて，18時間全部を振り返らせるわけです。「前期は18時間道徳の学習をしましたが，どのような心が育ちましたか，ファイルを見て自分がどの教材で心が育ったのか，振り返ってみましょう」と言って自己評価をさせます（自己評価したものをグループで聴き合い，友達から認めてもらうことも，子どもの自信につながります）。

　この自己評価と教師が見取った評価をすり合わせます。一方的に教師が評価するのではなく，子どもの自己評価を参考にして評価することが，子どもを伸ばす評価につながるのです。

⑤ 略案から見る評価のポイント

最後に、より分かりやすくなるよう、授業における評価のポイントを略案で示したいと思います。

基本的に、授業では、学習活動に対して、教師が考えた手立てにどう反応したかを評価します。教師がこの時間を通して、一人一人の子どもたちにどう変わってほしいのかによって、見取る場所は違います。１時間の授業の中でクラス全員を評価するのは難しいことです。そこで、「今日の授業では、この場面で、この子を中心に見取る」と考えておけばよいでしょう。

例えば、「導入で問題意識が高まったか」は、教師の発問に対して、発言の内容や聞いている態度で見取るし、「展開で考えを深めているかどうか」は、発言やワークシートに書かれた内容や、グループで話し合っているときの様子などで見取ります。更に「終末で学習したことを理解できたか」は、ワークシートや発言内容から見取ります。視点としては、「今までの自分を振り返ることができたか」「この学習で何を学んだのか」「これからの自分はどうするのか」「多面的・多角的に考えられたか」です。

報告書では、道徳科の学習における多様な指導方法（「読み物教材の登場人物への自我関与が中心の学習」「問題解決的な学習」「道徳的行為に関する体験的な学習」など）が例示されていますが、この３つは独立しているのではなく、それぞれ関わっています。つまり、自我関与しない道徳の時間はないということです。ここでは、いちばん基本となる「読み物教材の登場人物への自我関与が中心の学習」の授業を例として、次のページで子どもの見取り方と評価のポイントを示します。

column 3　指導方法によって評価は違うの？

「読み物教材の登場人物への自我関与が中心の学習」「問題解決的な学習」「道徳的行為に関する体験的な学習」という多様な指導方法が例示されていますが、評価の方法については基本的には変わりません。

ただ、読み物教材では主人公の判断や心情を考えることで、問題解決的な学習では問題場面についての言動を考えさせることで、役割演技などの体験的な学習では実際の問題場面を実感を伴って理解することで、道徳的価値の理解を深めていきます。その違いを評価に生かすことは大切ですね。それぞれ、読み物教材では「主人公の気持ちに寄り添い、○○の気持ちをもつことができたか」という視点で、問題解決的な学習では「問題を解決するよりよい手立てについて考えることができたか」という視点で、体験的な学習では「役割演技を通して、改めて○○の大切さに気付くことができたか」という視点で評価することになります。

第1章　新しい道徳科の評価

【読み物教材の登場人物への自我関与が中心の学習】

(1)**主題名**　美しいものに感動する心　[D　感動，畏敬の念]

(2)**教材名**　七つのほし

(3)**ねらい**　女の子の美しい心に触れ，美しいものに感動する心をもつ。

(4)**展開と評価のポイント**

		学習活動	ねらいにせまる手立て	児童の反応
	導入	1　「美しいもの」について発表する。		
		○「きれい・すてき」と感じるものはありますか。	○「きれい・すてき」と感じたものを話し合い，価値の方向付けをする。	○きれいな花 ○たくさんの星 ○夕方の空
	展開	2　教材を聞いて話し合う。		
		○「七つのほし」を聞いて，どんなことを思いましたか。	○教材の絵を提示し，児童が登場人物に感情移入できるように読み聞かせをする。	○自分は水を飲まないで，犬やたびびとにあげるなんて優しいな。
		○あなただったら，水をあげますか。	○水はあげられないという児童の素直な意見も認める。	○かわいそうであげる。 ○自分ものどが渇いているし，お母さんにたくさんあげたい。
		◎ひしゃくが銀や金に変わったり，ダイヤモンドが出てきたりしたのはなぜでしょう。	○自分よりほかの人を優先に考える女の子の優しい気持ちをおさえ，美しい心に触れた感動が深まるようにする。	○女の子が優しくしたから，神様からプレゼントをもらった。 ○女の子の心が星のようにきれいだから。
		3　今までの生活を振り返り，ワークシートにまとめる。		
		○自分の心にも「きれいな心・すてきな心・美しい心」があると感じたことはありますか。	○今までに感動したことや，ほかの人に優しくできたことについても問いかけ，誰にでもきれいな心があることを確認する。	○きれいな空を見てすごく感動した。 ○友達が困っているとき，大丈夫って声をかけた。
	終末	4　空に輝く美しい星の写真を見る。	○美しい心への感動の余韻がもてるようにする。	

ポイント!
発言・挙手・うなずき
「美しいもの」について考え，意欲的に発表している。

ポイント!
発言・挙手・うなずき
女の子の優しさに感動し，感想を意欲的に話し合っている。

ポイント!
発言・挙手
女の子の美しい心についての考えを深めている。

ポイント!
ワークシート
自分の中に美しい心があることに気付き，ワークシートに書いている。

17

◆所見を書く前に知っておきたい 低学年の特徴

低学年の子どもたちにはどんな特徴があるのでしょう。発達段階を知ることで，子どものよさや頑張りが見えてきます。

●自己中心的で友達同士の結びつきは弱い。集団遊びより一対一の遊びが好き。
▶友達関係をしっかり把握しましょう。

●一つの場所，一つの話題に集中できない。
▶多様な活動を取り入れましょう。

●行動範囲が狭い。
▶狭いなりに把握しましょう。

●一方的に話しかける。
▶ペア学習を取り入れましょう。

●学級としてのまとまりがない。
▶徐々に集団生活に慣れていく段階です。

●気分のままに好き勝手に行動する。
▶子どもらしさですが，よい悪いを伝えていきましょう。

●他人の立場に立って客観視することが苦手。
▶相手の気持ちを想像させましょう。

第1章 新しい道徳科の評価

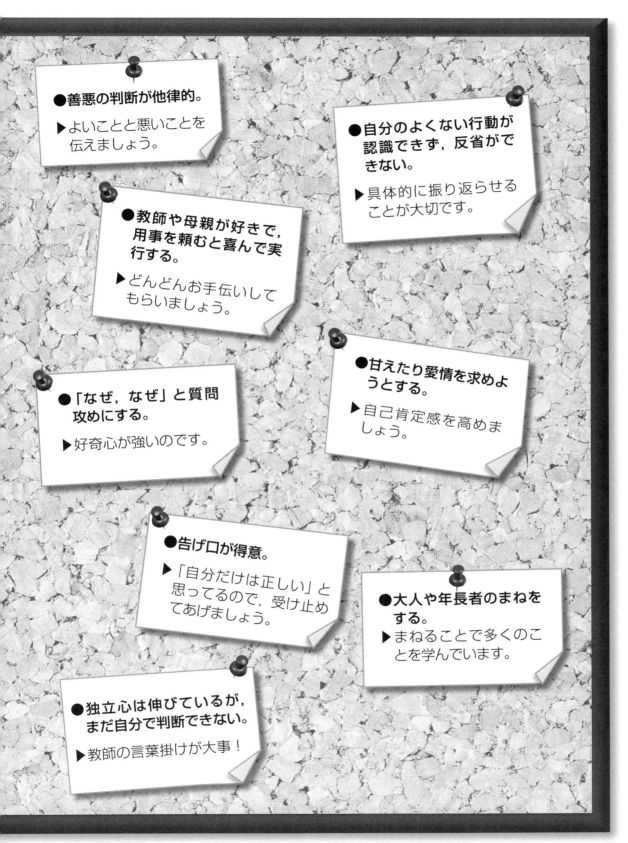

第2章
所見の書き方

本章では，所見の書き方について解説します。
どんな視点で書けばよいのか？
子どもを励ます表現とは？
現場教師の視点でポイントを示します。

1 所見を書くポイント

いよいよ所見の書き方の説明に入ります。ポイントがいくつかあるので，しっかりおさえていきましょう。

ポイント①　認め，励まし，意欲を高める内容を

　所見は，教師から子どもたちへのプレゼントです。子どものよさを認め，励まし，更に読んだ子どもが「こういうところを伸ばしたい」「こんな心で行動したい」「ここを改善したい」などと意欲を高められるものにするのが大前提です。教科学習が苦手な子どもや自分のよさがなかなか見つけられない子どもにとって，道徳科はその子のよさを見つけられる時間になります。ていねいに一人一人を見取り，子どもたちが「ぼくにもこんなよさがあったんだ」「わたしってちょっといいかも」と自信をもてるような所見，自分を好きになる子が増えるような所見が書けるといいですね。間違っても子どもを否定するような内容ではいけません。

ポイント②　保護者と子どもが納得する内容を

　所見は，もらった子どもたち，読んだ保護者が納得するものでなければなりません。子どもたちが「ここを頑張って取り組んだ」「ここを見てほしい。認めてほしい」というところをしっかりおさえることが大切です。「せっかく頑張っているのに，先生は気付いてくれなかった」「違う点を書いていた」と思われるのでは，子どもの意欲は高まらないし納得もしないでしょう。保護者に対しては，保護者が気付いていない子どものよさを書けるとよいですね。そうすることで「先生はうちの子のことをよく見てくれている」と安心感をもたれます。学校と家庭で同じ方向で子どもたちの心を育てていけるような所見が望ましいです。

ポイント③　ねらいに関わって，子どものよい点や進歩の状況を

　道徳科の充実には，目標を踏まえ，指導のねらいや内容に照らして子どものよさを伸ばし，道徳性に係る成長を促すための評価が大切です。道徳性を養うために行う道徳科の目標として次の❶～❹の視点がまとめられています（本書p.9を参照）。評価にあたっても，この4つの視点で子どもたちの成長を見取るとよいでしょう。

視点❶ 道徳的諸価値について理解したか

　道徳性を養うには，道徳的価値について理解することが大切です。またその価値理解と同時に人間理解や他者理解を深めていくようにします。

> **❶の所見例**
> ●相手の気持ちを考えて親切にすることの大切さに気付き，親切な行為を進んで行おうとする意欲をもつことができました。
> ●様々な人たちのおかげで自分たちの生活が支えられていたことを理解し，感謝の気持ちをもつことができました。

視点❷ 自己を見つめられたか

　ねらいに関わって，自分をしっかり見つめることが大切です。自分がどこまでできていて，どこがまだできていないのか，自覚させることが必要です。

> **❷の所見例**
> ●誰に対しても気持ちのよい挨拶ができていたか，今までの自分をしっかり振り返ることができました。
> ●今までを振り返り，身近な人を思いやる気持ちの大切さを実感できました。

視点❸ 物事を多面的・多角的に考えられたか

　物事を多面的・多角的に考えるとは，道徳教育の目標にある「主体的な判断の下に行動」するための基本です。日常生活で起こる様々な場面で，どのように行動したり対応したりすればよいのか考えるとともに，どうしてそのことが必要なのか，どうすればできるのかを道徳的価値と関わらせて捉えることが大切です。そして，その視点が自分を見つめ，自己の生き方を考えさせることにつながっていくのです。

> **❸の所見例**
> ●グループ学習で友達の考えを聞くことで，自分とは違う考え方に共感し，思いやりについて新しい視点があることに気付くことができました。
> ●友達と話し合うことで，今までの考えを改め，相手の立場を考えることの大切さに気付くことができました。

視点❹ 自己の生き方についての考えを深められたか

　ねらいに関わって，これからの生き方としてどのような気持ちを大切にしていくのか，どのような言動をとっていくのかを考えることが，日常生活につなげるためにも大切です。

> **❹の所見例**
> ●今後は，自分から進んで挨拶しようとする意欲が感じられました。
> ●これからの自分がもたなければならない心に気付くことができました。

2 所見の要素と組み立て

　所見に何を書くかはっきりしてきたら，次は実際にどう書くかということになります。本書では，前ページの❶～❹の視点をもとに，「◎ とても成長した子どもへの所見」，「○ 成長した子どもへの所見」，「☆ 成長しようと頑張っている子どもへの所見」と，3パターンの書き方で所見文例を提出しています。

◎　とても成長した子どもへの所見

　◎は，❶～❹の4つの視点のうち，どれか2つ以上できている場合の所見です。❶～❹を評価する文例でよく使う表現としては，それぞれ下のようなものがあります。

> ❶の視点…「～が分かりました」「～に気付きました」「～を理解できました」「～ができました」「～の気持ちをもてました」「～の思いを深めました」「～の考えを深めました」
> ❷の視点…「これまでの～を振り返り，」「自分が～であったことに気付き，」
> ❸の視点…「友達の意見を聞いて～に気付き，」「～という考えももち，」
> ❹の視点…「～の意欲が高まりました」「～しようとする気持ちが表れていました」「～の意欲が表れていました」「～したいという思いが伝わってきました」

〈◎の所見例〉

- 規則の尊重の学習では，展開の話し合いの中で，<u>❶きまりの意義やよさについて理解し，</u><u>❹自分たちのきまりを見直そうとする意欲が見られました。</u>
- 勇気をテーマにした学習を通して，<u>❷今までの自分は勇気がないばかりにチャンスを見逃してきたことに気付きました。</u><u>❹「これからは勇気をもって行動したい」という意欲がノートの記述に表れていました。</u>
- 「○○○○」の学習では，<u>❸友達の意見から自分が危険から身を守ることだけではなく，周囲の人の安全にも気を付けることが大切だということに気付き，</u><u>❹生活の中で実践しようとする意欲が高まりました。</u>

24

第2章 所見の書き方

○ 成長した子どもへの所見

○は，❶～❹の４つの視点のうち，１つできている場合の所見です。

〈○の所見例〉

● 生命の尊重の学習を通して，<ruby>❶<rt>視点</rt></ruby>生命は祖先から受け継がれていることを理解し，生命に対して自分なりの考えをまとめることができました。

● 「〇〇〇〇」の学習では，困難を乗り越える筆者の生き方を学び，<ruby>❷<rt>視点</rt></ruby>自分には努力が足らずにすぐあきらめていたところがあったことに気付くことができました。

● 「〇〇〇〇」の学習で，主人公が友達に自分の思いを伝えるべきか葛藤する場面では，<ruby>❸<rt>視点</rt></ruby>友達の考えを聞いて，主人公の心情についての理解を深めていました。

● 自然愛護の学習を通して，<ruby>❹<rt>視点</rt></ruby>自然環境を守るためにこれから自分でできることについてよく考え，ワークシートにたくさんのアイディアを書くことができました。

☆ 成長しようと頑張っている子どもへの所見

☆は，❶～❹の４つの視点のうち，どれも「あと一歩！」という場合の所見です。小さいけれども成長したところを書く場合は，

> 「～する意欲が少しずつ育ってきています」
> 「～な気持ちが育ってきています」
> 「～のような自分を振り返る力がついてきています」
> 「～ができつつあります」
> 「～しようとする心が育ってきています」
> 「〇〇は理解しているので，更に□□するとよいでしょう」

のように，子どもの頑張りを認め励ます表現にしましょう。

〈☆の所見例〉

● 友情，信頼の学習で，資料の主人公の気持ちに寄り添うことができました。友達とよりよい関係を築こうとする気持ちが育ってきています。

● 礼儀の学習では，友達の発言に熱心に耳を傾けていました。礼儀を大切に行動しようとする心が育ってきています。

● 相互理解の学習では，相手の意見を聞くことの大切さを考えました。グループ学習では，友達の意見を聞く態度ができつつあります。

25

③ 所見の書き方の留意点

保護者が目にする所見です。所見の文章を書く際には，まず大前提として，誤字脱字がないようにしっかり確認しましょう。国語辞典をそばに置き，自治体発行の用字・用語例も参考にしてください。下に所見における適切な表現のポイントをあげておきます。

❶ 誰にでも分かる言葉で

一般的でなく専門的な用語（例えば，「道徳的態度」「道徳的実践力」「畏敬の念」など）は避け，子どもや保護者に分かりやすい言葉を使いましょう。

❷ 差別感を与えたり，人を傷つけたりしない表現で

「男（女）らしい」など差別感を感じさせる言葉や，人権問題に関わる言葉は使わないようにしましょう。「クラスで一番」など友達と優劣を比べるような言葉も同様です。

❸ 感情的・断定的な見方をしないで

「上手に」「立派に」など，教師の主観と捉えられかねないあいまいな表現で書いたり，「いつも元気な○○さんは」などと決めつけたり，えこひいきしていると誤解されるような表現は避けましょう。

❹ 保護者に責任転嫁しないで

「甘やかされているので」など家庭に責任を求める表現にしないようにしましょう。保護者のやる気が出る表現が望ましいです。

❺ どこを伸ばせばよいのか分かるように

「こうすればもっとよくなる」と伸びるための具体的な手立てが書かれていると子どもたちのやる気が出てきます。

column 4　子どものやる気アップにつながる見方のヒント

「まだまだ」と思えるような子どもの様子も，視点を変えると長所に変わります。子どもの意欲を伸ばせるよう，教師は温かいまなざしで子どもを見取りましょう。

次のページに子どものやる気アップにつながる見方のヒントを載せました。参考にしてみてください。

第2章　所見の書き方

子どものやる気アップにつながる見方のヒント

行	子どもの様子	やる気アップの見方	行	子どもの様子	やる気アップの見方
あ	あきらめが悪い	粘り強い	た	だまされやすい	正直な
	あきらめが早い	決断力がある		頼りない	控えめな
	意見が言えない	控えめ, 協調性がある		だらしない	こだわらない
	いばっている	自信に満ちている		単純	素直な
	うるさい	活発な		調子に乗る	行動的な
	落ち着きがない	活動的な, 好奇心旺盛な		冷たい	冷静な
	おとなしい	穏やかな, 控えめな		でしゃばり	世話好きな
	おっとりした	捉われない		鈍感	物事に動じない
	おたく	自分の世界をもっている		とろい	落ち着いた
か	かっとなる	感受性豊かな	な	内向的	思慮深い
	変わった	個性的な		のんき	こだわらない
	がさつ	大胆な	は	反抗的	自分の意見が言える
	きつい	自己主張できる		ふざけた	明るい
	気が強い	自信に満ちている		ぼんやり	穏やか
	気が弱い	優しい	ま	周りを気にする	心配りができる
	軽率	行動的な		無責任	こだわらない
	けじめがない	集中力がある		無口	落ち着いた
	強情	意志が強い		むらがある	やるときはやる
さ	さぼる	自分で行動する		面倒くさがり	こだわらない
	騒がしい	活発な		ものぐさ	こだわらない
	自分本位	自分に正直な	や	やかましい	元気がある
	ずうずうしい	堂々とした		やる気がない	落ち着いている
	ずるい	合理的な		優柔不断	協調性がある
	責任感がない	こだわらない	ら	乱暴	こだわらない
	せっかち	行動的な		利己的	自分を大事にする

27

ここが知りたい！ 道徳科の評価 Q&A

Q1 「指導と評価の一体化」とは、具体的にどのようにすることですか。

A 指導の効果を上げるためには、指導のねらいや内容に照らして子どもたちの学習状況を把握するとともに、その結果を踏まえて、授業改善をすることが必要です。選択した教材は適切だったか、発問は適切だったか、多面的・多角的な考えをもたせることができたか、自分との関わりで捉えさせることができたかなど、子どもの姿を通して評価します。そしてその評価を生かして改善案を検討することが求められています。

Q2 保護者に「評価は教師の主観ではないか？」と言われてしまいました……。そんな疑問にはどのように答えればよいのでしょうか。

A 道徳科の評価も、他教科と同じように妥当性や信頼性を確保することが必要です。しかし、評価はどうしても教師の主観に陥りやすいことも事実です。そこで求められるのが、チームによる評価です。解説にも「評価は個々の教師が個人として行うのではなく、学校として組織的・計画的に行われることが重要である」(解説p.110)と書かれています。学校として指導方法や評価方法、評価の視点などについて共通理解し、保護者に説明できるようにしておくことが大切です。

第2章　所見の書き方

Q3　保護者の関心が高い通知表。所見の書き方で特に気を付けた方がよいことはありますか。

A　特に気を付けたいのは，行動の記録に〇が付いているのに，道徳科の所見ではそのよさに全然触れられていない場合です。つまり行動の記録と所見の内容が一致しないことです。これでは，保護者に疑問をもたれてしまい，説明責任が果たせません。記述が合うように心掛けましょう。逆に，子どもの心は変わりやすいので，道徳科ではよい発言をしたり，よいことを書いたりしても，日常の生活では実践できない子もいるので，道徳科の所見でよい記述があっても，行動の記録では〇が付かない場合もあります。子どもをしっかり見取り保護者が納得のいく評価にしていくことがいちばんです。

Q4　いじめをしている子など，言動に課題のある子がいます。どう評価すればよいのですか。

A　いじめに対しては，すぐに対応しなければならないので，個別指導や学年・学級の全体指導をしたあとの評価となります。指導したあと，その子に変容があればその具体的な言動への評価を書けばよいでしょう。ただし，いじめをしていた事実が分かるような表現は避けてください。もし変容が見られなければ，ほかの視点でよさを認めたうえで，本書の所見文の書き方を参考にして，努力している目標に対して書いてください。

Q5　チームによる評価はどう進めていけばよいのですか。

A　チームによる評価をするには，評価のために集める資料や評価方法などについて話し合い，評価結果についても教師間で評価の視点などを共通理解することが大切です。

具体的には，例えば校内研修などで，子どもに何をさせて，どういった資料を保存しておけばよいのか，そして，評価の仕方について，子どもの実例を挙げて具体的に話し合うことが大切です。「総合的な学習の時間」が始まったときも，子どもたちをどう見取ったらよいのか分からず，校内研修がたくさん行われました。道徳科でも，それと同じように，研修を実施することが必要です。子どもの評価資料を複数の教師の目で見てその結果を比べることで，具体的な評価の視点や方法などを学ぶことができます。例えば，「授業中のこの発言はどうだったのか」「ワークシートに記述した内容はどう見取ればよいのか」「グループでの話し合いでどのようなことに気付いたのか」などていねいに話し合うことが大切です。その話し合いが，教師の評価能力を高めるとともに，授業改善にもつながるのです。

Q6　「優等生的反応」をしがちな子を評価する場合の注意点は何ですか。

A　「優等生的反応」とは，教師が求めている答えをすぐに探す子や，言動は伴わないが頭で正しいと思っている子の反応ですね。教師はその反応をそのまま評価してはいけません。例えば問題場面の意味をきちんと理解しているのか，なぜそうすることが求められているのか，一面的でなくもっとほかの視点はないのかなど，子どもたちが考えを深められるような問い掛けをしていく必要があります。そのような問いに対しての子どもの言動を見取れば，表面的でなく，更に子どものよさを伸ばす評価，励ます評価になっていきます。

第2章 所見の書き方

Q7 反応の薄い子を評価する場合の注意点はありますか。

A 反応が薄いという「表面」だけを捉えていては正確な評価はできません。発言はしないけれど真剣に考えている子や友達の話をしっかり聞いている子など，子どもたちの学びの姿は様々です。子どもたち一人一人をていねいに見取り，「この子は何を考えているのか」「この子のよさは何だろう」と温かい目線で子どもたちを理解することが大切です。

Q8 特別な支援を要する子には，どのような視点で所見を書けばよいのですか。

A その子の障害による学習上の困難さの状況をしっかり踏まえたうえで評価することが大切です。「（合理的配慮を伴った指導をした結果,）相手の意見を取り入れつつ自分の考えを深めている」など，個人内評価でその子の成長を捉える所見がよいでしょう。自己肯定感が高まるような所見が適切です。

Q9 日常生活ともちょっと違う場面，例えば行事などでの子どもの評価はどうすればよいですか。

A 大きな行事は子どもをぐっと伸ばします。運動会などの大きな行事こそ，道徳の視点からの振り返りが必要です。「この行事を通してどのような心が育ったのか」「どのような心がまだ足りていないのか」を子どもたちに自覚させることが明日からの子どもの成長につながります。よい面は総合所見で評価しましょう。各学校でつくられている別葉を見直し，行事を道徳的視点から振り返ることをおすすめします。

第3章
低学年の所見＊文例集＊

本章は，所見の記入文例集です。
内容項目別に子どもの「よさ」や
「成長したところ」をキーワードで整理し，
子どもの成長度に合わせて◎○☆で
書き分けています。
子どもたちの姿を思い浮かべながら
アレンジしてください。

以下のテーマの学習についての所見は，文例の末尾にマークを付けました。

い…「いじめ」
体…「体験的な学習」
情…「情報モラル」
現…「現代的な課題」

A 善悪の判断, 自律, 自由と責任

よいことと悪いこととの区別をし，よいと思うことを進んで行うこと。

物事の善悪について的確に判断し，自ら正しいと信じるところに従って主体的に行動すること，自由を大切にするとともに，それに伴う自律性や責任を自覚することに関する内容項目である。

（文部科学省「解説」より）

低学年は，何にでも興味をもって行動する反面，引っ込み思案なところもあります。よいことを遠慮しないでできるよう励ましていきましょう。

評価のキーワード
- よいと思うことを進んでする
- よいことと悪いことを区別する
- すがすがしい気持ちをもつ
- 正しい判断力をもつ
- してはならないことはしない

よいと思うことを進んでする

◎「○○○○」の学習では，役割演技を通してよいと思うことを進んで行うことの大切さに気付きました。よいことと悪いことの区別ができています。体

◎登場人物が勇気をもって，よいと思うことを進んで行う姿を通して，これまでの自分について振り返ることができました。今後は，正しいと思うことは自信をもって行動したいという思いが伝わってきました。

○「○○○○」の学習では，してよいことと悪いことについて考えました。よいと思うことを進んで行うことの大切さに気付いて，ワークシートに書くことができました。

☆よいと思うことを行動したいけれど自信がもてずに思い悩む主人公の気持ちに寄り添うことができました。よいと思うことを進んで行う難しさについて考えました。

よいことと悪いことを区別する

◎「○○○○」の学習では，正しい判断をして，積極的に行動する大切さに気付くことができました。よいことと悪いことを区別して行動しようとする気持ちをもっています。

◎学習を通して，よいことと悪いことをしっかり区別して考えることの大切さに気付くことができました。今後は友達の意見に左右されず，自分で考えて行動したいという意欲が見られました。

○「○○○○」の学習では，してよいことと悪いことについて考えました。よいことと悪いことを区別することが大切だということに気付き，発表することができました。

☆善悪の判断をテーマにした学習では，よいことと悪いことを区別して考えることの大切さについて話し合いました。更に自分で判断できるようにするとよいです。

すがすがしい気持ちをもつ

◎「○○○○」の学習では、役割演技を通して、よいことをしたあとのすがすがしい気持ちに気付くことができました。よいことを進んで行う心をもっています。体

◎登場人物の行動を通して、これまでよいと思ったことを行動できたときのすがすがしい気持ちを思い起こすことができました。今後も意欲的に実践したいという気持ちをもつことができました。

○「○○○○」の学習では、してよいことと悪いことを考えました。よいことをしたあとのすがすがしい気持ちから、よいことをする大切さに気付くことができました。

☆友達の意見に左右され、正しい判断ができない登場人物の姿や友達の意見から、正しいことを行うとすがすがしい気持ちになることをノートにまとめました。

してはならないことはしない

◎「○○○○」の学習で、仲間外れなど、してはならないことをしないという強い思いをもちました。今までの自分を振り返り、よいことを進んで行う意欲が高まっています。い

◎教材文の中でどのように行動すべきか迷う場面において、善悪の判断とその理由を様々な視点から考えることができました。今後、いけないことは勇気をもって伝えたいという思いが伝わりました。

○「○○○○」の学習では、してよいことと悪いことを考えました。してはならないことは、しないようにしようとする気持ちをもつことができました。

☆「○○○○」の学習では、してよいことと悪いことについて考えました。してはならないことは、しないようにしようとする心が育ってきています。

正しい判断力をもつ

◎「○○○○」の学習では、役割演技で、正しい判断力を身に付けて、よいことをしようという気持ちを表すことができました。よいと思うことを進んで行う気持ちがあります。体

◎善悪の判断をテーマにした学習では、判断のもとになる理由について深く考えることができました。また、正しいと思ってもなかなか行動できない自分について振り返りました。

○「○○○○」の学習では、してよいことと悪いことについて考えました。正しい判断をして行動することの大切さに気付き、発表することができました。

☆読み物教材を通して、「悪いとわかっていることはしない」と心に決めた登場人物の思いを知ることができました。善悪に関する正しい判断力が身に付きつつあります。

A 正直，誠実

うそをついたりごまかしをしたりしないで，素直に伸び伸びと生活すること。

偽りなく真面目に真心を込めて，明るい心で楽しく生活することに関する内容項目である。

（文部科学省「解説」より）

低学年はしかられることを恐れて，うそをついたりごまかしたりしてしまうこともあります。正直でいることで明るく生活できることに気付かせたいですね。

評価のキーワード
- うそやごまかしがない
- 正直でごまかしをしない
- 素直に伸び伸び生活する
- 明るい心で過ごす
- 素直に謝る
- 失敗を責めない・笑わない

うそやごまかしがない

◎「〇〇〇〇」の学習では，役割演技で，よいと思うことを進んで行うことの大切さに気付きました。うそやごまかしのない明るい心をもっています。体

◎正直をテーマにした学習では，うそをついたときの気持ちを役割演技で表現して，暗い心になることに気付きました。うそやごまかしをしないで明るい心で生活しようとする気持ちが高まっています。体

○「〇〇〇〇」の学習では，うそをついたときの気持ちを考えました。うそをついたときには暗い気持ちになると気付き，うそをつかない大切さを発表しました。

☆うそをついたことで，明るい気持ちで友達と接することができなくなった主人公の思いに共感することができました。うそはいけないと感じる気持ちが育ってきています。

正直でごまかしをしない

◎「〇〇〇〇」の学習では，ごまかしをしたときのもやもやした気持ちに気付くことができました。いけないことをしたら素直にあやまろうとする気持ちがもてました。

◎絵本を教材とした学習では，ごまかしをしないことで，すがすがしい気持ちになることに気付きました。うそやごまかしをしないで明るく生活しようとする気持ちをしっかりもっています。

○正直をテーマにした学習では，ごまかしをしたときの気持ちを考えました。気持ちが暗くなってしまうことに気付き，ごまかしをしないことの大切さを発表することができました。

☆正直について考える学習では，ごまかしをした登場人物の気持ちを考えました。ごまかしをすると気持ちが暗くなってしまうことを発表することができました。

第3章　低学年の所見＊文例集＊

素直に伸び伸び生活する

◎「〇〇〇〇」の学習では，うそをつかずに素直に伸び伸びと生活することのよさに気付きました。学習したことを自分の生活に生かしていこうとする姿が見られました。

◎クラスで正直な心について考えたときには，うそをつかずに素直に伸び伸びと生活すると，気持ちがよいことに気付きました。自分も正直でいたいという意欲が高まっています。

○誠実をテーマにした学習では，うそをつかずに正直に生活したときの気持ちを考えました。素直に伸び伸びと生活できるという，正直でいることのよさに気付きました。

☆「〇〇〇〇」の学習では，うそをつかずに正直に生活したときの気持ちについて友達と話し合うことができました。正直でいると，なぜ素直に伸び伸びと生活できるのか考えました。

素直に謝る

◎「〇〇〇〇」の学習では，勇気を出して素直に謝ることが大切だと気付くことができました。正直に生活するよさをいろいろな点から考え，友達に伝えるとともに自分の考えを深めました。

◎うそをついたときの気持ちを考えたときには，うそやごまかしをしたあとのいやな気持ちに共感できました。素直に謝ることの大切さに気付き，自分の生活に生かそうとする意欲が見られました。

○「〇〇〇〇」という教材を使って，うそやごまかしをした場面について考えました。素直に謝ることが大切だと気付き，ワークシートに書くことができました。

☆誠実な心をテーマにした学習では，うそやごまかしをしたときの気持ちや行動を考えました。ごまかさずに素直に謝ろうとする気持ちが育ってきています。

明るい心で過ごす

◎「〇〇〇〇」の学習では，うそをつかずに素直に生活すると，明るい心でいられることに気付きました。自分の生活に学習を生かそうとする気持ちが表れていました。

◎絵本を教材として正直をテーマに学習したときには，うそやごまかしをしないでいると明るい心で楽しく生活できることに気付きました。友達と考えを伝え合い，深めることができました。

○「〇〇〇〇」の学習では，役割演技で登場人物の気持ちを考えました。うそをつかずに素直に生活すると，明るい心でいられることに気付きました。 体

☆「〇〇〇〇」の学習では，うそやごまかしをしないと，どんなよいことがあるか考えました。友達の考えを聞いていく中で，明るい心で生活しようとする心が育ってきています。

失敗を責めない・笑わない

◎「〇〇〇〇」の学習では，失敗を笑われた登場人物のいやな気持ちに気付きました。自分の生活に学習を生かして，行動していきたいという意欲が見られました。

◎誠実をテーマにした学習では，失敗を責めたり笑ったりすることで，友達を傷つけることに気付きました。自分の考えを真剣に友達に伝えることで学びを深める姿が見られました。

○「〇〇〇〇」の学習では，失敗をした主人公の気持ちを考えました。友達の失敗を見ても，責めたり笑ったりしないようにしようとする気持ちをもつことができました。

☆「〇〇〇〇」という教材から，素直に伸び伸びと生活する大切さを学びました。失敗を責めたり笑ったりしないで生活する意欲が育ってきています。

A

主として自分自身に関すること

37

A 節度，節制

健康や安全に気を付け，物や金銭を大切にし，身の回りを整え，わがままをしないで，規則正しい生活をすること。

健康や安全に気を付け自立した生活ができるようにするための基本的な生活習慣を身に付けること，節度をもって節制を心掛けた生活を送ることに関する内容項目である。

（文部科学省「解説」より）

基本的な生活習慣を身に付けるための大事な時期です。道徳科の授業でも繰り返し指導し，気持ちよく安全に過ごす意欲をもたせましょう。

評価のキーワード
- 物を大切にする
- 身の回りを整える
- わがままをしない
- 規則正しい生活をする
- 時間を大切にする
- 基本的な生活習慣が身に付く

物を大切にする

◎「○○○○」の学習では，物を大切にすることで長く使うことができ，愛着が増すことに気付きました。物は多くの人の努力と仕事によってつくられていることを理解しています。

◎節度，節制についての学習では，物を大切にすることのよさにたくさん気付きました。友達と伝え合って考えを深め，自分も物を大切にしたいという気持ちをもつことができました。

○「○○○○」の学習では，物を大切にすることのよさを考えました。物を大切にするとよいことがあると気付き，自分の物を大切に使おうとする気持ちが見られました。

☆「○○○○」の学習では，物を大切にすることのよさを考えました。友達の考えを聞くことによって，物を大切にすることのよさについて，自分の考えをまとめました。

身の回りを整える

◎「○○○○」の学習では，身の回りを整えることのよさについて理解することができました。自分の身の回りを整理整頓していこうとする意欲が，学校生活でも表れています。

◎絵本を教材とした学習では，身の回りを整えると生活しやすいだけではなく，心もすっきりすることに気付きました。整理整頓しようとする気持ちが高まりました。

○整理整頓をテーマにした学習では，身の回りを整えることのよさに気付きました。自分の生活を振り返り，身の回りを整えていこうとする思いが伝わってきました。

☆「○○○○」の学習では，身の回りを整えることの大切さを考えました。整理整頓をすることのよさを知って，自分の身の回りを整えようとしています。

第3章　低学年の所見＊文例集＊

わがままをしない

◎「○○○○」の学習では，役割演技でわがままをして失敗をした主人公の気持ちを上手に表現できました。わがままをしないことの大切さを理解しています。体

◎クラスでわがままについて考えたときには，わがままをすると周りに迷惑がかかると気付きました。自分の生活を振り返り，わがままをしないようにしたいという気持ちをもつことができました。

○自分勝手な行動をしてしまう登場人物の様子から，わがままをすることで周りの人をいやな気持にさせてしまうことに気付くことができました。これまでの自分についても振り返っていました。

☆「○○○○」の学習では，わがままをしたときに周りがどのような気持ちになるか考えました。友達の考えから，わがままをしないことについて自分の考えをまとめました。

時間を大切にする

◎「○○○○」の学習では，時間を守ることは，周りに迷惑をかけず，規則正しい生活につながることに気付きました。時間を守ろうとする気持ちが高まっています。

◎時間の使い方について考えたときには，時間を大切にするよさに気付きました。今までの生活を振り返り，学習で学んだことをこれからの生活につなげていこうとする姿が見られました。

○時間の使い方をテーマにした学習では，時間を大切にすることについて考えました。時間を大切にすることで，よいことがあると知り，自分の生活に生かそうとしています。

☆「○○○○」という教材を通して，時間を大切にすることについて学びました。時間を大切にすることで，どんなよいことがあるのか考えていました。

規則正しい生活をする

◎「○○○○」の学習では，規則正しい生活をすることのよさをいろいろな点から理解することができました。自分の生活を振り返って，よりよくしたいという気持ちが表れています。

◎生活習慣について考えたときには，規則正しい生活をすることの大切さに気付きました。これから自分の生活をよりよくしようとする心をもっています。

○「○○○○」の学習では，規則正しい生活をすることのよさについて自分の考えをもつことができました。自分の生活をよりよくしていきたいという気持ちが育ってきています。

☆生活習慣について考えたときには，規則正しい生活をすることのよさについて話し合いました。友達の考えを聞いて，ワークシートに自分の考えをまとめることができました。

基本的な生活習慣が身に付く

◎「○○○○」の学習では，規則正しい生活をする大切さに気付くことができました。基本的な生活習慣を身に付けて，よりよく生活していきたいという意欲が表れています。

◎基本的な生活習慣をテーマにした学習では，わがままをしない規則正しい生活が自分にとって大切であることに気付くことができました。自分をしっかり振り返ることができています。

○「○○○○」の学習では，規則正しい生活をするよさについて考えました。基本的な生活習慣を身に付けることが大切だということに気付くことができました。

☆「○○○○」の学習では，規則正しい生活とそのよさを考えました。友達の考えを聞いて，基本的な生活習慣を身に付けることの大切さをノートにまとめました。

A

主として自分自身に関すること

39

自分の特徴に気付くこと。

A 個性の伸長

個性の伸長を図るために積極的に自分の長所を伸ばし，短所を改めることに関する内容項目である。

（文部科学省「解説」より）

低学年の子どもには，その子のよさを積極的に認め励ましていきましょう。それがその子のよさを伸ばすことにつながっていきます。

評価のキーワード
- ●自分の特徴に気付く
- ●自分のよさを伸ばす
- ●短所を受け止める

自分の特徴に気付く

◎「〇〇〇〇」の学習では，友達からほめられてうれしかったことが自分のよさにつながることに気付くことができました。自分のよさを見つけようとする心をもっています。

◎「〇〇〇〇」の学習を通して，自分の特徴を知ることの大切さを知りました。友達に自分のよさを伝えてもらうことで，自分の特徴に気付くことができました。

〇グループでの話し合いや保護者からの手紙によって，自分では気付かなかった自分のよさにたくさん気付くことができました。また，自信をもてた気持ちをみんなに伝えることができました。

☆「〇〇〇〇」の学習で，人には様々な特徴があることについて考えました。友達に教えてもらうことによって，自分の特徴に気付くことができるようになってきています。

自分のよさを伸ばす

◎「〇〇〇〇」の学習を通して，自分の特徴に気付くことができました。自分のよさに気付いて成長する主人公の姿から，今後は，自分もよいところをもっと伸ばしたいという気持ちをもつことができました。

◎自分の個性について考える学習では，友達のよさを伝え合う活動を通して，自分のよさにも気付きました。自分のよさを伸ばしていこうとする気持ちが高まりました。

〇一人一人の個性についてグループで友達の意見を聞きながら考えをまとめることができました。友達に教えてもらって自分の特徴に気付き，自分のよさを伸ばしていこうとする意欲が見られました。

☆「〇〇〇〇」の学習で，人には様々な特徴があることについて話し合いました。友達から教えてもらった自分のよさを伸ばしていこうとする意欲が，少しずつ育ってきています。

短所を受け止める

◎「〇〇〇〇」の学習では，人それぞれによいところがあることに気付き，友達のよいところもたくさん見つけていました。更に自分を見つめ短所を減らしたいという思いも伝えることができました。

◎友達の意見からたくさん気付くことができました。自分の短所についても進んで考え，直したほうがよいところがあることに気が付き，主体的に受け止めることができました。

〇「〇〇〇〇」の学習を通して，自分のよさを伸ばし，短所を減らそうと考える主人公の姿から，自分にも長所だけでなく短所があるのではないかと考え，自己を見つめ直すことができました。

☆個性をテーマにした学習で，人には長所と短所があることについて話し合いました。また，自分自身の苦手なことや直したほうがよいところについて考えることができました。

A 主として自分自身に関すること

A 希望と勇気，努力と強い意志

自分のやるべき勉強や仕事をしっかりと行うこと。

自分の目標をもって，勤勉に，くじけず努力し，自分を向上させることに関する内容項目である。

（文部科学省「解説」より）

素直な時期ですが，つらいことや苦しいことがあるとくじけてしまう傾向があります。自分のやるべき勉強や仕事に主体的に取り組めるよう，励ましていきましょう。

評価のキーワード
- やるべきことをしっかり行う
- 主体的に取り組む
- やり遂げた喜びや充実感を味わう
- 努力する

やるべきことをしっかり行う

◎「○○○○」の学習では，役割演技でやるべきことをしっかり行う大切さに気付きました。振り返りには自分の係活動を責任をもって行おうとする意欲が見られました。[体]

◎やるべきことをしっかりと行うことについて考えたときには，やるべきことを行わないと，自分や周りが困ることに気付きました。自分のやるべきことを理解しています。

○「○○○○」の学習では，やるべきことをしっかり行うことについて考えました。責任をもって，やるべきことを最後まで行う大切さに気付くことができました。

☆「○○○○」の学習では，やるべきことをしっかり行うことについて考えました。自分の生活を振り返って，係活動を忘れずに行おうとする気持ちが育ちつつあります。

主体的に取り組む

◎「○○○○」の学習で，やるべきことをしっかり行う意味を理解しました。誰かに言われてやるのではなく，主体的に取り組んでいこうとする気持ちが高まっています。

◎絵本を教材とした学習では，やるべきことに主体的に取り組むことの大切さに気付きました。振り返りでは，係活動などを進んで行いたいという意欲が表れていました。

○「○○○○」の学習で，やるべきことに主体的に取り組む大切さに気付きました。自分の生活を振り返り，忘れずに係活動に取り組もうとする気持ちが育ってきています。

☆自分のやるべき仕事を忘れて遊んでしまう登場人物の姿を通して，今の自分について振り返り，自分がやるべき仕事は何かについて考えました。更に主体的に取り組めるとよいです。

やり遂げた喜びや充実感を味わう

◎「○○○○」の学習では、やるべきことをしっかり行うと、やり遂げた充実感を味わうことができることに気付きました。今までの自分をしっかり振り返ることができました。

◎努力をすることについて考え、やるべきことを努力して行うと、やり遂げた喜びを味わうことができることに気付きました。学習を自分の生活に生かそうという気持ちが表れています。

○「○○○○」の学習では、やるべきことを努力して行うと、やり遂げた喜びを味わうことができることに気付きました。自分も努力したいという気持ちが育ってきています。

☆目標に向かって努力した主人公がやり遂げた充実感と大きな喜びを感じている様子から、その理由を友達と話し合いました。自分も主人公のような思いをもちたいという気持ちが育ってきています。

努力する

◎「○○○○」の学習では、やるべきことをしっかり行う大切さに気付きました。自分の生活を振り返り、苦手なことにも努力していこうとする気持ちが表れていました。

◎努力をテーマにした学習では、努力した登場人物の気持ちを考え、やり遂げた充実感に気付くことができました。やるべきことをしっかり行おうとする気持ちが高まっています。

○「○○○○」の学習では、やるべきことをしっかり行うことについて考えました。苦手なことにもチャレンジして、努力することの大切さに気付くことができました。

☆「○○○○」の学習では、やるべきことをしっかり行うことについて考えました。努力した登場人物の気持ちを考えて、ワークシートにまとめることができました。

B 親切,思いやり
身近にいる人に温かい心で接し,親切にすること。

よりよい人間関係を築く上で求められる基本的姿勢として,相手に対する思いやりの心をもち親切にすることに関する内容項目である。

(文部科学省「解説」より)

家族だけでなく,地域の人や学校の人,友達との関わりが多くなる時期です。身近にいる人との触れ合いを通して,思いやりの気持ちを育てていきましょう。

評価のキーワード
- 相手の考えや気持ちに気付く
- 温かい心で接する
- 親切にする
- 優しく接する
- 親切な行為ができる

相手の考えや気持ちに気付く

◎「〇〇〇〇」の学習では,身近な人に接するときに温かい心で対応することの大切さに気付きました。相手の考えや気持ちに気付いて,どう行動するかを自分の経験を踏まえて理解しています。

◎思いやりをテーマにした学習では,相手の考えや気持ちを考えて行動することの大切さに気付きました。相手が喜ぶようなことをしたいという気持ちを表すことができました。

〇思いやりについて考えた学習では,身近な人に接するときに気を付けたいことを考えました。友達と話し合い,相手の考えや気持ちを察して行動することの大切さに気付きました。

☆「〇〇〇〇」の学習では,身近な人に接するときに気を付けることを考えました。友達の意見を聞いて交流する中で,相手の気持ちを考えて行動することの大切さに気付きつつあります。

温かい心で接する

◎「〇〇〇〇」の学習では,身近な人に接するときに気を付けたいことをいろいろな視点から考えました。これからは自分も人に温かい心で接していきたいという思いを深めることができました。

◎親切について考えた学習では,相手の考えや気持ちを察して行動することの大切さに気付きました。いつも温かい心で相手に接していきたいという気持ちをもつことができました。

〇「〇〇〇〇」の学習では,身近な人に接するときに温かい心で接していきたいと考えました。発言の中にこれからの生活に生かしていこうとする気持ちが表れていました。

☆「〇〇〇〇」の学習では,身近な人に接するときに気を付けることを考えました。温かい心で相手に接しようとする気持ちが育ってきています。

親切にする

◎「○○○○」の学習では，身近な人に接するときに親切にしていきたいという思いを強くもちました。親切にすると自分も相手も気持ちがよいことを，実感することができました。

◎親切について考えたときには，今までの自分を振り返り，自分が親切にしてもらったときの思いに気付くことができました。身近な人に接するときには，親切にしようとする気持ちが高まっています。

○「○○○○」の学習では，役割演技で登場人物の気持ちをよく考えました。身近な人に接するときに，親切にすることの大切さに気付きました。体

☆親切をテーマにした学習では，身近な人にどのように接すればよいか考えました。「親切にすると，相手は気持ちがよい」と発表することができました。

親切な行為ができる

◎「○○○○」の学習で，親切にしたり，されたりした経験を話し合うことで，親切な行為は自分も相手もうれしいことに気付きました。「また親切にしたい」という気持ちが高まりました。

◎親切をテーマにした学習では，親切をしてもされても気持ちがよいことに気付き，親切な行為をしたいという意欲が高まりました。いろいろな視点から親切のよさを考えることができました。

○「○○○○」の学習で，親切にしたり，されたりした経験を話し合いました。親切な行為をすると，自分も相手も気持ちがよいことに気付きました。

☆身近にいる幼い人に対して，親切に接する登場人物の優しさに触れ，親切について考えました。友達と意見の交流をする中で，親切な行為をしていきたいという気持ちが育ちつつあります。

優しく接する

◎「○○○○」の学習では，相手のことを考えて優しく接することが大切だと気付きました。学習したことを自分の生活に生かそうとする気持ちをもつことができました。

◎人への接し方について考えたときには，身近な人に優しく接することで，相手だけでなく自分も気持ちがよいことに気付くことができました。優しくしようとする気持ちが強まっています。

○「○○○○」の学習では，身近な人に接するときに気を付けたいことを考えました。優しく接することで，相手が喜んでくれることに気付きました。

☆「○○○○」の学習では，身近な人に接するときのことを考えました。相手の気持ちを考えて，優しく接することの大切さを考えることができました。

B 感謝

家族など日頃世話になっている人々に感謝すること。

自分の日々の生活は多くの人々の支えがあることを考え，広く人々に尊敬と感謝の念をもつことに関する内容項目である。

（文部科学省「解説」より）

「お世話をしてもらって当たり前」という段階から，人々の善意に気付き，感謝できる気持ちがもてるようになるとよいですね。感謝の気持ちを言動に表せるよう励ましていきましょう。

評価のキーワード
- 人々の善意に気付く
- 感謝の気持ちをもつ
- 感謝の気持ちを表す
- 善意に応える

人々の善意に気付く

◎「〇〇〇〇」の学習では，主人公と家族の姿から自分もまた周りの人に見守られていることに気付きました。人々の善意に対して感謝の気持ちをしっかり伝えようという気持ちが高まりました。

◎感謝をテーマにした学習では，自分がいろいろな人に支えられていることに気付きました。その人々の善意に気付き，発表の際には感謝の気持ちを言葉で表現することができました。

○「〇〇〇〇」の学習では，自分の周りの人々について考えました。自分が日頃から様々な人の世話になっていることや，その人々の自分に対する優しい気持ちに気付くことができました。

☆地域の夏祭りを題材にした教材で，地域の行事が人々の温かい気持ちに支えられて続いていることを話し合いました。自分の生活と関連させて考える力が身に付いてきています。

感謝の気持ちをもつ

◎「〇〇〇〇」の学習では，周りのたくさんの人が自分のことを支えていることに気付きました。周りの人々に感謝して「ありがとう」と伝えたいという気持ちが伝わってきました。

◎感謝の気持ちについて考えたときには，自分がいろいろな人に支えられていることが分かりました。その人々に感謝の気持ちをもち，しっかり伝えることの大切さを理解しました。

○感謝をテーマにした学習では，自分の周りの人々について考えました。自分が様々な人の世話になっていることを知り，感謝の気持ちをもつことができました。

☆感謝について考えたときには，自分が周りの人々に世話になっていることに気付きました。「周りの人たちに感謝したい」という友達の発言に，熱心に耳を傾けていました。

感謝の気持ちを表す

◎「〇〇〇〇」の学習では，これまで自分が周りの人々の世話になっていることに気付きました。その感謝の気持ちを具体的な言葉で考え，相手に伝えようとする気持ちが高まっています。

◎感謝について考えたときには，自分がたくさんの人に支えられていることに気付きました。これからは周りの人々に感謝の気持ちを積極的に表そうとする思いが深まりました。

○「〇〇〇〇」の学習では，自分がたくさんの人に支えられていると知り，自分が世話になっている周りの人たちに，感謝の気持ちを表すことができました。

☆日頃から世話になっている家族に手紙を書いて感謝の気持ちを伝える主人公の思いに寄り添い，共感することで，家族へ感謝する気持ちが育ってきています。

善意に応える

◎「〇〇〇〇」の学習を通して，自分が家族や地域の方，先生に支えられて生活していることに気付きました。感謝の気持ちを高め，自分にできることを探したいという思いをもつことができました。

◎家族の優しさと愛情に支えられていることを当たり前に感じて過ごしていた主人公の姿を通して，感謝することの大切さに気付きました。今後は家族のために手伝いを頑張りたいという気持ちを高めていました。

○「〇〇〇〇」の学習では，登下校を温かな気持ちで見守ってくれている地域の方のことを話し合いました。これからは，大きな声で挨拶をしたいという気持ちをもつことができました。

☆感謝をテーマにした学習では，自分を支えてくれている家族について考えました。家族に感謝する気持ちから，自分にできることは何かを探していきたいという気持ちが育ちつつあります。

B 主として人との関わりに関すること

B 礼儀
気持ちのよい挨拶，言葉遣い，動作などに心掛けて，明るく接すること。

人との関わりにおける習慣の形成に関するものであり，相互の心を明るくし，人と人との結び付きをより深いものにするための適切な礼儀正しい行為に関する内容項目である。

（文部科学省「解説」より）

低学年では，基本的な挨拶などを体験を通して学べるとよいですね。はきはきと気持ちのよい挨拶や振る舞いを照れずにできるよう励ましていきましょう。

評価のキーワード
- ●挨拶をする
- ●時と場に応じた言葉遣いをする
- ●公共の場での振る舞い
- ●明るく接する
- ●正しい作法ができる

挨拶をする

◎「〇〇〇〇」の学習では，挨拶をすると自分や相手の気持ちがよくなることに気付きました。これからの生活の中で，積極的に挨拶をしようとする意欲が表れています。

◎挨拶の大切さを考えた学習では，挨拶ができない登場人物に対して，挨拶のよさをたくさん教えることができました。自分も挨拶をしていきたいという気持ちをもつことができました。

○「〇〇〇〇」の学習では，挨拶について考えました。挨拶をしたときやされたときの気持ちを考えることで，自分も挨拶をしていきたいという気持ちを表すことができました。

☆「〇〇〇〇」の学習では，挨拶について考えました。友達の考えを聞いて，挨拶をしたときやされたときの気持ちを考え，挨拶をしたいという気持ちが育ってきています。

時と場に応じた言葉遣いをする

◎「〇〇〇〇」の学習では，時や場面，相手に合った言葉遣いをしていくことの大切さに気付くことができました。時と場に応じた挨拶をしようとする心が育っています。

◎礼儀をテーマにした学習では，言葉遣いによって相手が受ける印象が違うことに気付き，目上の人にはていねいな言葉遣いをすることが大切だと理解しました。

○礼儀についての学習では，言葉遣いについて考えました。時や場面，相手に合わせて言葉遣いを変えることが必要だということに気付くことができました。

☆「〇〇〇〇」の学習では，言葉遣いについて考えました。友達の考えを聞く中で，言葉遣いについて，自分なりの考えをまとめることができました。

公共の場での振る舞い

◎「○○○○」の学習では、話をするときには、相手の目を見ることが大切だと気付くことができました。話の仕方や食事の所作などの振る舞いについていろいろな視点から考えました。

◎礼儀について考えたときには、身近な人と接する中でも時と場に応じた挨拶、言葉遣い、振る舞いがあることに気付きました。望ましい振る舞い方を身に付けようとする意識が高いです。

○「○○○○」の学習では、話の仕方や食事の所作などの振る舞いについて考えました。食事をするときには様々なマナーがあることに気付くことができました。

☆マナーについての学習では、話の仕方や食事の所作などの振る舞いについて考えました。話すときや聞くときに気を付けることがあることを発表しました。

正しい作法ができる

◎「○○○○」の学習では、生活の中にはお茶の作法や食事の仕方など、みんなが気持ちよく暮らすための礼儀があると気付きました。作法を大事にしようとする心をもっています。

◎日頃の生活を振り返り、正しい礼儀作法ができているかについて考えることができました。今後は、心を込めて礼儀正しく接したいという思いを高めました。

○「○○○○」の学習では、礼儀について考えました。いろいろな礼儀作法について知ることで、自分の生活にも作法を生かしていきたいという思いをもつことができました。

☆「○○○○」の学習では、礼儀について考えました。学習を通して、挨拶だけではなく、いろいろな礼儀作法があることについて話し合いました。

明るく接する

◎「○○○○」の学習では、挨拶をするときは、明るく接することの大切さに気付きました。明るく接することでみんなを気持ちよくしようとする気持ちをしっかりもっています。

◎礼儀をテーマにした学習では、身近な人々に明るく接することが大切だと気付きました。自分から元気よく挨拶をしたり、話したりしたいという気持ちをもつことができました。

○「○○○○」の学習では、身近な人々に明るく接することが大切だと気付きました。明るく接することで、相手も気持ちがよいと考えることができました。

☆「○○○○」の学習では、挨拶をするときに気を付けたいことを考えました。友達の考えを聞いて、明るく接しようとする心が育ってきています。

B 主として人との関わりに関すること

B 友情，信頼　友達と仲よくし，助け合うこと。

友達関係における基本とすべきことであり，友達との間に信頼と切磋琢磨(せっさたくま)の精神をもつことに関する内容項目である。

（文部科学省「解説」より）

まだまだ自己中心的な時期です。集団生活による様々な経験を積み重ね，友達と仲よくする楽しさを感じられるようにしていきましょう。

評価のキーワード
- ●友達と仲よくする
- ●友達と助け合う
- ●友達と仲直りする
- ●互いに信頼する

友達と仲よくする

◎「〇〇〇〇」の学習では，友達のよさにたくさん気付くことができました。友達と仲よくすることのよさを考えて，自分の生活に生かそうとする意欲をもつことができました。

◎友達との関わりについて考えた学習では，友達と仲よく過ごしたときのうれしかった気持ちを，自分の経験を交えて伝えることができました。友達を大切にしようとする心をもっています。

○「〇〇〇〇」の学習では，友達と仲よく活動することのよさについて考えました。みんなで楽しく気持ちよく過ごした経験を発表することができました。

☆「〇〇〇〇」の学習では，友達との関わりについて考えました。学習を通して友達と仲よく過ごすことのよさに気付き，ワークシートに書くことができました。

友達と助け合う

◎「〇〇〇〇」の学習では，役割演技を通して，友達と助け合うことの大切さに気付くことができました。困っている人を助けようとする優しい心をもっています。 体

◎友情について考えた学習で，仲間外れにするのではなく，友達と助け合うことが大切だという気持ちが高まりました。今までの自分をしっかり振り返ることができました。 い

○友情がテーマの絵本を教材にした学習では，主人公の姿から友達との関わりについて考えました。友達と仲よくし，お互いに助け合うことの大切さに気付き，友達に伝えることができました。

☆友情についての学習では，友達との関わりについて考えました。友達と助け合う大切さについて知り，友達を大切にしようとする心が育ってきています。

友達と仲直りする

◎「〇〇〇〇」の学習では，友達とけんかをした場面の役割演技をし，素直に仲直りをすることの大切さに気付くことができました。これからそうしていこうという意欲を発表できました。体

◎友達とけんかをしたときのことを話し合ったときには，自分の経験から，仲直りをすることの大切さに気付くことができました。友達を大切にしようとする心が育っています。

○「〇〇〇〇」の学習では，友達とけんかをしたときのことを考えました。相手に謝って仲直りをすることで，気持ちがすっきりすることに気付くことができました。

☆友情をテーマにした学習では，友達と仲よくするためにどうしたらよいか考えました。けんかをしたら仲直りをして，友達と仲よくしたいという気持ちが育ってきています。

互いに信頼する

◎「〇〇〇〇」の学習では，互いを大切に思い合うことが信頼につながることに気付くことができました。今後は，友達に頼られる人になりたいという気持ちが高まりました。

◎友達関係に悩む主人公の気持ちを通して，自分だったらどうするか深く考える姿が見られました。友達を信じる気持ちの大切さに気付くことができました。

○友情をテーマにした学習では，一人でいる友達の寂しさを感じ取り，どうすればよいかを考えました。今後は，互いに信頼できる友達になりたいという思いが伝わってきました。

☆「〇〇〇〇」の学習を通して，どんな友達になりたいかについて考えました。友達がたくさんいて，頼りにされる人になりたいという思いが高まっています。

B　主として人との関わりに関すること

C 規則の尊重
約束やきまりを守り、みんなが使う物を大切にすること。

生活する上で必要な約束や法，きまりの意義を理解し，それらを守るとともに，自他の権利を大切にし，義務を果たすことに関する内容項目である。

（文部科学省「解説」より）

まだ自分勝手な行動をとりがちです。身近なきまりを取り上げ，どうしてそういうきまりがあるのかを考えさせることで，きまりを守ろうという意欲を伸ばしていきましょう。

評価のキーワード
- ●約束を守る
- ●きまりを守る
- ●みんなが使う場所を大切にする
- ●みんなが使う物を大切にする

約束を守る

◎「〇〇〇〇」の学習では，登場人物の心情をよく理解し，約束やきまりを守ることの大切さについて考えを深めることができました。今までの自分の生活を見つめ直すことができました。

◎学習を通して，みんなが安心して，楽しく過ごすためには，約束やきまりを守ることが大切であることに気付くことができました。友達と話し合い，約束についての考えを深めました。

○役割演技を通して，約束を破った登場人物や約束を破られた登場人物の心情を考えることができました。自分の生活を振り返り，今後約束を守ろうとする心情が高まりました。体

☆友達との約束に思い悩む登場人物の心情に共感しながら，約束について考えることができました。生活を振り返り，これからは約束を守っていこうとする心が育ってきています。

きまりを守る

◎「〇〇〇〇」の学習では，学校生活にたくさんあるきまりについて話し合い，きまりを守ることの大切さに気付きました。きまりのよさについて，様々な立場から考えることができました。

◎役割演技をすることで，自分の体験と重ね合わせて，きまりを守ることの大切さに気付くことができました。きまりの意味をしっかり理解しています。体

○自分も周りの人も気持ちよく過ごすためにきまりがあることに気付き，きまりの意味を考えて行動することの大切さを理解することができました。

☆「〇〇〇〇」の学習を通して，きまりや約束を破ると周りの人に迷惑をかけてしまったり，不愉快な思いをさせてしまったりすることについて考えました。

みんなが使う場所を大切にする

◎「○○○○」の学習を通して，登場人物の心情を深く理解し，日頃の自分の生活を振り返ることができました。みんなで使う場所や物を大事に使うことの大切さを実感していました。

◎みんなで使う場所や物をどのように使えばよいかを課題として意識しながら，日頃の生活を振り返り，課題を解決する方法を様々な視点から考えることができました。

○「○○○○」の学習で，身の回りにあるみんなが日頃よく使う場所の状況を振り返りました。これからは誰もが気持ちよく使えるように大切にしようとする心情が高まりつつあります。

☆「○○○○」の学習では，みんなが使う場所をどのように使えばよいかを考えながら，真剣に友達と話し合い，学習に取り組む姿が見られました。

みんなが使う物を大切にする

◎「○○○○」の学習を通して，大勢で使う場所や物を今までどのように使っていたかを振り返ることができました。友達の考えを真剣にうなずきながら聞き，考えを深めました。

◎みんなで使う場所の使い方について理解することができました。これからは自分が汚していない場所も進んで片付けるようにしたいという思いが高まりました。

○「○○○○」の学習では，主人公が学校の物をていねいに使い大事にしていることに気が付きました。みんなで使う物は，自分の大切な物と同じように大切にしたいという思いをもちつつあります。

☆自分の身の回りで，みんなで使う物にはどのような物があるかについて考えました。今後，みんなが使う物を大切にしようとする意欲が少しずつ育ってきています。

主として集団や社会との関わりに関すること

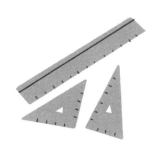

自分の好き嫌いに とらわれないで接すること。

C 公正，公平，社会正義

民主主義社会の基本である社会正義の実現に努め，公正，公平に振る舞うことに関する内容項目である。

（文部科学省「解説」より）

自己中心的な時期なので，人の感じ方や考え方に納得できない場合もあるでしょう。公正，公平な態度のよさについて指導し，差別や偏見はだめとしっかり伝えていきましょう。

評価のキーワード
- ●好き嫌いにとらわれない
- ●公正，公平な態度で接する
- ●偏見や差別をしない
- ●社会正義の実現に努める

好き嫌いにとらわれない

◎「〇〇〇〇」の学習では，役割演技を通して，登場人物の気持ちに寄り添って考えることができました。好き嫌いにとらわれずに誰にでも公平に接することの大切さを理解しました。 体

◎好き嫌いにとらわれて，友達を差別したり，仲間外れにしたりすることが，いじめを生み出すことにつながると気が付き，いじめの構造をよく理解することができました。 い

○「〇〇〇〇」の学習では，好き嫌いにとらわれて自分勝手な行動をしてしまう主人公について考えることで，周りの友達がいやな気持ちや悲しい気持ちなることに気付くことができました。

☆好き嫌いにとらわれて，気の合う仲間だけを大切にするのではなく，自分と違う意見をもつ相手であっても分け隔てなく接することの大切さを感じ取ることができました。

公正，公平な態度で接する

◎「〇〇〇〇」の学習では，友達を仲のよさだけで考えるのではなく，誰に対しても公正，公平な態度で接することの大切さに気付きました。いじめに対する意識が高まりました。 い

◎好き嫌いにとらわれず，誰とでも分け隔てなく接するよさを，様々な立場から考えることができました。今後は不公平のない学級にしたいとの思いを強くもちました。

○積極的に役割演技に参加し，主人公の思いを感じ取ることができました。いじめは絶対にしてはいけないことを痛感し，自分の考えを発表することができました。 体 い

☆いじめの学習では，仲間外れにされる登場人物の心情を考え，その悲しさやつらさに共感していました。誰に対しても公正，公平な態度をとることの大切さについて考えていました。 い

偏見や差別をしない

◎「〇〇〇〇」の学習では，主人公が差別をする様子から，いじめは絶対にいけないことだと強く感じとりました。今までの自分をしっかり振り返ることができました。**い**

◎いじめの学習では，今までの自分を振り返り，友達の考えに流されず，自分の考えをしっかりともって，「差別をしない心を大切にしたい」と語ることができました。**い**

〇「〇〇〇〇」の学習を通して，偏見や差別はいけないことだと知り，教師や友達の話を真剣に聞き，自分の考えを深めて，ワークシートに書き表すことができました。

☆「〇〇〇〇」の学習では，登場人物が偏見や差別をするのはいけないことだと気付き，心情が変化する場面で，登場人物の気持ちに共感することができました。

社会正義の実現に努める

◎「〇〇〇〇」の学習を通して，みんなと違う意見をもっている友達を仲間外れにする主人公の姿から，公平に接することの大切さを知り，これまでの自分を振り返ることができました。**い**

◎社会正義をテーマにした学習では，自分だけでなく友達の不公平や差別的な態度を許さないことの大切さに気付くことができました。公正，公平に接することのよさを実感しました。

〇自分とは異なる感じ方や考え方があることを知り，正しいと思ったことは多数の意見でなくても，勇気をもって行うことの大切さに気付くことができました。

☆教材の中で，登場人物が自分と異なる意見や考えをもつ友達に否定的な態度をとる様子から，相手を傷つけてしまうことについて考えることができました。

C 主として集団や社会との関わりに関すること

C 勤労，公共の精神
働くことのよさを知り，みんなのために働くこと。

仕事に対して誇りや喜びをもち，働くことや社会に奉仕することの充実感を通して，働くことの意義を自覚し，進んで公共のために役立つことに関する内容項目である。

（文部科学省「解説」より）

学校での当番活動などをいきいき楽しめる時期です。当番活動や係活動，家庭や地域で決められた仕事など，みんなのために役立とうという気持ちを認め，励ましていきましょう。

評価のキーワード
- ●働くことのよさを知る
- ●みんなのために役に立つ
- ●やりがいを感じる
- ●当番活動をする
- ●係活動をする
- ●仕事をする

働くことのよさを知る

◎「〇〇〇〇」の学習では，一生懸命に働く登場人物の姿と自分の姿を重ね合わせて，働くことのよさについて理解しました。みんなのために働くとすっきりした気持ちなることに気が付きました。

◎働くことのよさについてよく理解し，今までの自分について振り返ることができました。みんなのために進んで働こうとする気持ちが高まっています。

○「〇〇〇〇」の学習を通して，教材の中で，登場人物が葛藤する気持ちを自分のことのようにとらえ，働くことのよさについて思いを深めることができました。

☆手伝いをして家族にほめられることで働くことのよさを感じる登場人物を通して，グループの友達と，家での仕事について話し合いました。自分の生活を振り返る力が身に付いてきました。

みんなのために役に立つ

◎「〇〇〇〇」の学習を通して，誰からもほめられなくても，自分の仕事を一生懸命に行うことの大切さに気付きました。「みんなのために役立つことを頑張りたい」と意欲を高めました。

◎日頃，自分がどのように学校で働いていたかを振り返り，みんなのために役立つことができた自分に気が付き，その喜びを感じとることができました。

○「働くことは誰のためか」について考える学習を行いました。学校や地域，家で働くことは，自分やみんなのために役に立つことであると気が付きました。

☆「〇〇〇〇」の学習では，みんなのためにいきいきと楽しそうに働く主人公の心情を考えました。「これからはみんなのために役立とう」という気持ちが育ってきています。

第3章　低学年の所見＊文例集＊

やりがいを感じる

◎「○○○○」の学習では，今までの自分を振り返り，自分が仕事をしたときにやりがいを感じた経験について話し合うことができました。進んで働こうとする気持ちが高まっています。

◎学級の当番や係の活動について，教師や友達に言われる前に仕事に取り組む大切さに気付きました。これからは，仕事のやりがいを感じるように取り組もうとする意欲が見られました。

○働くことにやりがいを見いだす大切さに気付くことができました。主人公の思いや行動について，友達の考えを聞きながら，自分の考えをワークシートにまとめました。

☆教材の読み聞かせをするとじっくりと耳を傾け，真剣な表情で聞き入っていました。働くことでやりがいを感じる主人公の気持ちを理解しようとする様子が見られました。

係活動をする

◎「○○○○」の学習では，役割演技をすることで，友達や先生の喜ぶ様子を見て，みんなの役に立つ喜びを実感しました。自分のやるべき仕事をよく理解しています。**体**

◎ほめられるから係活動をするのではなく，みんなのために自分の役割を果たし，自分もみんなもよりよい気持ちで過ごせるようにしたいと考えを深めることができました。意欲的に係活動に取り組もうとしています。

○時々係活動をさぼってしまう登場人物の弱い気持ちにも素直に共感していました。友達との話し合いを通して，係活動は学級のみんなのために行うことだと気付くことができました。

☆「○○○○」の学習を通して，クラスのみんなのために友達が一生懸命に係活動をしていることを発表できました。係活動について自分の考えをまとめていました。

当番活動をする

◎「○○○○」の学習を通して，教室の床掃除の当番になったときに汚れをきれいにふき取ると自分もみんなも気持ちよく過ごすことができた経験を想起し，働くことのよさに気付くことができました。

◎給食当番がうまくできない主人公の気持ちを考えることを通して，仕事の難しさとできたときの達成感について気付くことができました。友達と協力して仕事をしたいという意欲を高めました。

○「○○○○」の学習を通して，みんなの喜ぶ顔や自分自身のうれしさを思って，当番活動に一生懸命取り組むようにしたいと考えるようになりました。

☆「○○○○」の学習では，つい日直の仕事をさぼってしまう登場人物の様子から，自分が日頃どのように当番活動を行っているかについて，生活を振り返ることができました。

仕事をする

◎「○○○○」の学習を通して，家族が喜んでくれると自分もうれしくなって，仕事のやりがいを感じることに気付きました。みんなのために役立とうとする気持ちをもっています。

◎今までの自分を振り返り，仕事について見直すことができました。みんなが過ごしやすい学級にするために，自分も仕事をすることが大切であることに気付きました。

○「○○○○」の学習を通して，みんなで働くことについて話し合い，自分が仕事をすることで，自分も友達もうれしい気持ちになれることを理解することができました。

☆仕事をテーマにした話し合いでは，自分の生活を振り返り，仕事をするのを忘れてしまうという素直な気持ちを伝えることができました。自分を見つめる力が身に付いてきています。

C

主として集団や社会との関わりに関すること

父母，祖父母を敬愛し，進んで家の手伝いなどをして，家族の役に立つこと。

C 家族愛，家庭生活の充実

家族との関わりを通して父母や祖父母を敬愛し，家族の一員として家庭のために役立つことに関する内容項目である。

（文部科学省「解説」より）

まだまだ世話を受ける方が多い時期ですが，家庭において自分にできる手伝いを進んでやるよう励まし，積極的に家族と関わり，役立つ喜びを実感させましょう。

評価のキーワード
- 家の手伝いをする
- 家族への敬愛の念をもつ
- 家族の役に立つ
- 家族の一員と自覚する

家の手伝いをする

◎「○○○○」の学習を通して，いつも自分が家族に守られていることに気付きました。これからは，家族の一員として，今まで以上に家の手伝いをしたいという思いが高まりました。

◎主人公の気持ちを通して，家の手伝いをすることで家族の一員になることが分かりました。風呂掃除など，家族の役に立てた経験を想起し，自分の生活を見直すことができました。

○友達と遊ぶか家の手伝いをするか迷う場面で，自分にできることは進んで手伝うことの大切さに気付きました。家族のためにはどのように判断することがよいか，自分の考えを発表できました。

☆自分の生活を振り返り，家の手伝いをしたときに家族が喜んでくれていたことを思い出しました。今後は積極的に家の仕事を見つけて，手伝いたいという思いが芽生えつつあります。

家族への敬愛の念をもつ

◎「○○○○」の学習では，家族に見守られながら成長する主人公を通して，自分を育ててくれた家族の思いに気付くことができました。自分の家族をもっと大切にしたいという思いを深めました。

◎家族の愛情に気が付く主人公の気持ちを考えることを通して，家族の絆について友達と様々な立場から話し合うことができました。改めて，家族への敬愛の念を深めました。

○主人公の姿に自分を重ね合わせて，家族の大切さについて理解しました。また，家族から大切にされていることや家族への思いを発表することができました。

☆「○○○○」の学習では，家族からの手紙を真剣な表情で読んでいました。家族の温かい思いを受け止め，家族の大切さについて考えることができました。

家族の役に立つ

◎「〇〇〇〇」の学習を通して，自分が家族の一員であることを強く意識することができました。今後は家族のために役割を分担するなど家族のために役に立ちたいという思いを強めました。

◎今までの家庭での生活を振り返り，自分の足りないところに気付きました。自分を大切にしてくれている家族のために自分も手伝いなどがしたいという思いを強くもつことができました。

○「〇〇〇〇」の学習では，家族のために役に立つ仕事にはどのようなものがあるかについて友達と話し合うことで，家族のために役に立つうれしさや喜びを感じとることができました。

☆「〇〇〇〇」の学習では，家族の役に立ちたいと考える登場人物のせりふや行動をペープサートを用いて演じる活動に積極的に取り組みました。体

家族の一員と自覚する

◎「〇〇〇〇」の学習では，家族に何かしてもらうだけでなく，家族の一員としての自覚をもつことができました。家の手伝いを積極的に行いたいという気持ちが高まりました。

◎友達の話をしっかり聞き，よいと思うところは取り入れることができます。自分も家族の一員として，家族の役に立ちたいという気持ちが高まっています。

○「〇〇〇〇」の学習では，積極的に役割演技に取り組み，家の仕事をする登場人物の行動や心情を考えました。自分も家族の一員であることを再確認することができました。体

☆家族の一員としての日頃の自分の行動について考えることができました。今後，家庭内で自分にできることを一つずつ見つけることができるとよいです。

C よりよい学校生活，集団生活の充実

先生を敬愛し，学校の人々に親しんで，学級や学校の生活を楽しくすること。

先生や学校の人々を尊敬し感謝の気持ちをもって，学級や学校の生活をよりよいものにしようとすることや，様々な集団の中での活動を通して，自分の役割を自覚して集団生活の充実に努めることに関する内容項目である。

（文部科学省「解説」より）

教師から受ける影響が大きい時期です。愛情ある触れ合いを意識し，集団での行動の仕方を学び，学校で楽しく過ごせるよう見守っていきましょう。

評価のキーワード
- ●学校生活を楽しむ
- ●先生を敬愛する
- ●学校に親しむ
- ●楽しい学級・学校にする

学校生活を楽しむ

◎「〇〇〇〇」の学習では，学校探検をする登場人物を通して，自分の学校のよさに気付くことができました。学校生活について１年生にたくさん伝えたいという思いを高めました。

◎日々の学校生活を振り返り，たくさんの友達や教師とともに過ごす楽しさを実感していました。これから，更に学校を楽しくするためにはどうすればよいかを考え，意欲が高まりました。

○「〇〇〇〇」の学習では，学校生活を楽しむ登場人物に自分を重ね合わせて，学校の良さに気付きました。また，学習中は，学校の好きなところをたくさん発表することができました。

☆「〇〇〇〇」の学習では，学校生活について振り返りながら，話し合いに熱心に参加し，友達の考えをじっくりと聞いたうえで，自分の考えを伝えることができました。

先生を敬愛する

◎「〇〇〇〇」の学習では，子どもたちが安全で楽しく過ごすことができるように多くの先生方が学校生活を支えてくれていることに気付き，先生方への感謝と敬愛の気持ちを深めました。

◎担任の先生だけでなく，たくさんの先生方に助けられていることに気付きました。いつも自分を見守ってくれる先生方に，学校生活で頑張っている姿を見せたいという思いを高めました。

○「〇〇〇〇」の学習を通して，学校を支えてくれている先生方の存在に気付くことができました。特に日頃お世話になっている養護教諭に感謝の気持ちを伝えていました。

☆「〇〇〇〇」の学習を通して，もっと友達や先生と仲よくなって，一緒に遊んだり，学習したりしたいという思いをワークシートにまとめ，発表することができました。

学校に親しむ

◎「〇〇〇〇」の学習を通して、縦割り活動などで仲よくなった上級生と楽しく遊んだことを想起することができました。今後は、より学校に親しみたいという思いが強まりました。

◎登場人物が技能員さんと触れ合う教材を通して、学校では、担任や学年の先生方以外にもたくさんの先生方が学校生活を支えてくれていることを知り、学校への親しみを深めました。

〇「〇〇〇〇」の学習では、自分とは異なる友達の考えを真剣に聞き、「これからずっと大好きな学校が続くように、学校を大切にしたい」という思いをもてました。

☆学校生活について考える学習をしました。最初はドキドキしていたことを思い出し、今は少しずつ学校に親しむことができるようになってきたことを実感していました。

楽しい学級・学校にする

◎「〇〇〇〇」の学習を通して、登場人物の気持ちに共感し、学校をより知ろうとする気持ちが高まりました。学校の好きな場所をたくさん考えることで学校生活の楽しさを実感しました。

◎楽しい学級になるようにクラスで話し合う登場人物の姿を通して、自分の生活を振り返りました。学校生活を支えてくれる人々に感謝しながら、もっと生活を楽しくしたいと考えることができました。

〇学校で楽しく過ごしている主人公の思いを考えることで、自分たちで楽しい学級にしたいと思うようになりました。そのため、学校のことをもっと知りたいという気持ちが高まりました。

☆学校のよいところを友達と話し合い、たくさん伝え合うことができました。学校について知らないよさがあることに気が付き、更に楽しい学校にしたいと考えました。

C 主として集団や社会との関わりに関すること

我が国や郷土の文化と生活に親しみ，愛着をもつこと。

C 伝統と文化の尊重，国や郷土を愛する態度

我が国や郷土の伝統と文化を尊重し，それらを育んできた我が国や郷土を愛する心をもつことに関する内容項目である。

（文部科学省「解説」より）

昔の遊びや地域の行事に喜んで参加する時期です。低学年のうちから昔の遊びや季節の伝統行事に触れることで，自分の住む地域や文化に親しむ気持ちをもてるとよいですね。

評価のキーワード
- 昔の遊びをする
- 地域の行事に参加する
- 身近な自然に親しむ
- 日本の伝統や文化に親しむ

昔の遊びをする

◎「〇〇〇〇」の学習を通して，日本には昔から楽しい遊びがたくさんあることを知りました。主人公が友達と昔遊びを楽しむ姿を通して，自分に置き換えて心情を考えることができました。

◎日本に昔からある遊びのよさを知りました。「少しずつ，昔遊びをする子どもたちが減っていて悲しい」という登場人物の言葉から，昔遊びの楽しさをもっとみんなに知らせたいという思いをもちました。

○「〇〇〇〇」の学習では，日本には昔からどのような遊びが伝わっているかについて話し合いました。昔遊びの経験を振り返りながら，楽しい日本の遊びをもっとしたい気持ちをもちました。

☆「〇〇〇〇」の学習では，日本には昔から伝わる遊びがたくさんあることに気付きました。生活科で行った昔遊びの経験を振り返りながら，学習に取り組むことができました。

地域の行事に参加する

◎「〇〇〇〇」の学習では，なぜ地域の祭りの太鼓の練習に励むのかに気付くことができました。今後は，自分も日本の伝統や文化に親しみ，様々な体験をしてみたいと考えました。 現

◎今までの自分を振り返って，地域の行事に参加する大切さに気付きました。地域に受け継がれている行事を大切にし，守っていこうとする気持ちが高まりました。 現

○「〇〇〇〇」の学習では，自分の町で行われる様々な行事を楽しむ主人公を通して，自分も地域で行われる行事にもっと参加してみたいという思いをもつことができました。 現

☆地域で行われる祭りを題材にした読み物教材の読み聞かせを，真剣な表情で聞き入っていました。自分の町にも祭りがあり，楽しかった思い出を発表することができました。 現

身近な自然に親しむ

◎「〇〇〇〇」の学習を通して，近所を毎朝掃除するわけに気付くことができました。今後はできることを見つけて，身近な自然を自分たちの力で守っていこうとする心情が高まりました。現

◎地域ボランティアの活動を振り返りながら，身近にある自然が汚れることは悲しい気持ちになることを実感し，今後も自分にできることを探していきたいと考えました。現

○「〇〇〇〇」の学習では，地域の公園について話し合いました。近くの公園は，きれいに花が咲き，たくさんの人が集まるすてきな場所であることを振り返ることができました。

☆「〇〇〇〇」の学習を通して，公園のごみ拾いをする主人公の行動から，自分も学校や家の近くにある身近な自然を大切にしたいという気持ちが少しずつ育ってきています。

日本の伝統や文化に親しむ

◎「〇〇〇〇」の学習では，ひな祭りや七夕など，これまで親しんできた伝統や文化を振り返ることができました。これからも日本のよさを大切にしていきたいという思いが深まりました。現

◎日本の伝統や文化について，学びました。主人公の住む地域に伝わる伝統行事と自分の町に伝わる行事の相違に気付き，ほかにどのような行事があるか興味が深まりました。現

○主人公が郷土を大事に思う気持ちに共感し，自分の育った町に伝わる伝統や文化のすばらしさを感じ取り，これからも郷土を大切にしていきたいという思いを高めることができました。現

☆「〇〇〇〇」の学習では，友達と日本の文化について話し合いました。日本には，和食や着物など，ほかの国にはないすばらしいものがいくつもあることについて考えることができました。現

C 主として集団や社会との関わりに関すること

C 国際理解，国際親善

他国の人々や文化に親しむこと。

他国の人々や多様な文化を理解するとともに，日本人としての自覚や国際理解と親善の心をもつことに関する内容項目である。

（文部科学省「解説」より）

自国と他国を区別することは難しい時期ですが，衣食住など身近なところで異なる文化と比べたり，交流したりするなどして興味関心を高めていきましょう。

評価のキーワード
- 他国の文化に親しむ
- 他国の人々に親しむ
- 異なる文化のよさに気付く
- 日本人としての自覚をもつ

他国の文化に親しむ

◎「〇〇〇〇」の学習を通して，動物園には外国から来た動物がたくさんいることを知りました。ほかにも外国からどのようなものが来ているのかを知りたいという意欲が見られました。**現**

◎スポーツを題材にした読み物教材から，外国には様々なスポーツがあることを知りました。サッカーが好きな〇〇さんは，様々な国でサッカーが楽しまれていることを知り，興味を深めていました。**現**

○「〇〇〇〇」の学習では，世界地図を参考にしながら，今までに聞いたことのある国名を見つけて，大変喜んでいました。いろいろな国について調べる気持ちが高まりました。**現**

☆「〇〇〇〇」の学習で，日本とは違う外国の言葉や文化について話し合いました。もっと外国のことを知りたいという気持ちをワークシートにまとめていました。**現**

他国の人々に親しむ

◎「〇〇〇〇」の学習では，その国の文化を教えてもらう主人公の姿を通して，外国の友達と仲よくしたいという気持ちが高まりました。グループで話し合い，考えを深めることができました。**現**

◎外国から日本に伝わっている食べ物がたくさんあることを理解しました。外国のよいところをもっと知って，外国の人とも話してみたいという気持ちをもつことができました。**現**

○「〇〇〇〇」の学習では，自分のクラスに外国の友達が来たときにどうすれば仲よくできるかについて話し合いました。言葉が違っても笑顔で相手に優しくすればよいと気付きました。**現**

☆「〇〇〇〇」の学習では，「外国人の友達がクラスに来ることになったら，どのように迎えるか」について，友達と積極的に意見を出し合い，話し合う姿が見られました。**現**

異なる文化のよさに気付く

◎「〇〇〇〇」の学習を通して，外国の食べ物や着る物は日本と違っていることに気付きました。どれもその国の人たちが大切にしていることを知り，異なる文化のよさを感じ取っていました。**現**

◎外国の文化について学ぶことで，クリスマスなど，日本の衣食住の中にも他国の文化があることに気が付きました。異なる文化のよさを自分の体験を振り返りながら考えることができました。**現**

○外国には日本と違う遊びや音楽があることを知りました。音楽で学んだことを思い出し，音楽の教科書で今まで学んだ曲の中にも外国のすてきな曲がたくさんあることを見つけていました。**現**

☆日本と異なる文化のよさについて学びました。ハロウィンのときに家庭で仮装をして楽しんだ経験を思い出しながら，外国にはどのような文化があるのか，関心が芽生えていました。**現**

日本人としての自覚をもつ

◎「〇〇〇〇」の学習では，外国人の友達が転入する教材を通して，外国のよさにたくさん気付く主人公に共感することができました。更に日本のよさも伝えたいという気持ちが高まりました。**現**

◎外国人の友達がお守りを大切にする姿を通して，日本と外国には違うところだけでなく，同じところもあることに気付きました。今後，日本のよさも大切にしたいという思いが伝わってきました。**現**

○日本には着物があるけれど，外国には違う民族衣装があることを知りました。様々な点で日本と外国を比べ，外国のよさと日本のよさについて考えることができました。**現**

☆外国の様々な挨拶や「ありがとう」の言葉について学びました。どの国の言葉も大切にしていることは何か，自分の考えをまとめました。日本語の挨拶を大切にしたいという心が育ってきています。**現**

C　主として集団や社会との関わりに関すること

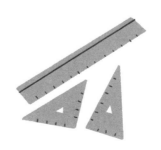

D 生命の尊さ

生きることのすばらしさを知り，生命を大切にすること。

生命ある全てのものをかけがえのないものとして尊重し，大切にすることに関する内容項目である。

（文部科学省「解説」より）

生きていることを当たり前と感じている時期ですが，生きているからできることなどを自覚させ，生命のかけがえのなさを感じられるとよいですね。

評価のキーワード
- 生きることのすばらしさを感じる
- 自分の生命を大切にする
- 生命の大切さを自覚する
- かけがえのない命を理解する

生きることのすばらしさを感じる

◎「〇〇〇〇」の学習では，心臓が動くことを感じ取りながら，生きていることで好きな遊びができたり，学習したりすることができることを理解しました。生命を大切にする心をもっています。

◎生きているからこそ，ご飯がおいしく食べられたり，友達と楽しく笑い合ったりできるということに気付きました。生きていることはすばらしいと感じ取ることができました。

○「〇〇〇〇」の学習では，生きるとはどのようなことかについて，積極的に話し合いました。友達と遊ぶことなど，当たり前に感じることがすばらしいことであると気付くことができました。

☆「〇〇〇〇」の学習では，生きることのすばらしさについて考えました。自分の生命は，たった一つのかけがえのない命であることを発表することができました。

自分の生命を大切にする

◎「〇〇〇〇」の学習では，心臓の鼓動を感じ取ることで，自分の命は一つしかなく，かけがえのないものであることに気付きました。これからは生命を大切にしようとする気持ちをもてました。

◎生命をテーマにした教材において，自分の誕生を心待ちにしてくれていた家族の思いに気付きました。また，祖父母や両親からの生命のつながりについて理解することができました。

○「〇〇〇〇」の学習を通して，自分は多くの人に守られてきたことに気付きました。これからは，自分の生命と同じように家族や友達の生命を大切にしていきたいと考えることができました。

☆自分の生命は，父母や祖父母だけでなく，ずっと前からつながっていることを知り，素直な驚きと感動した気持ちをワークシートに表し，発表することができました。

生命の大切さを自覚する

◎「〇〇〇〇」の学習を通して，両親からもらった生命を大切にしたいという思いが強まりました。自分や友達を大切にすることは，その生命を大切にすることにつながることが分かりました。

◎学習中にもらった家族からの手紙により，自分の生命は，家族など周囲の人たちに守られ，大切にされてきたことを実感し，今後は自らの生命を大切にしたいと考えを深めました。

○体が弱くつらい思いをしている登場人物の気持ちを考えることを通して，一人一人の生命は宝物だから，大切にしていこうとする思いを深め，ワークシートにまとめることができました。

☆「〇〇〇〇」の学習を通して，登場人物が精一杯生きる姿について，真剣に向き合い，「自分だったらどうするか」と，自分なりの考えをもつことができました。

かけがえのない命を理解する

◎「〇〇〇〇」の学習では，生きている人も動物も全てかけがえのない命をもっていることに気付きました。生命を大切にするにはどうすればよいかを真剣に考えることができました。

◎自分も友達も同じように家族に大切に育てられていることを学び，自分だけでなく，かけがえのない命をもっている友達をこれからもっと大切にしたいという思いが伝わってきました。

○赤ちゃんの誕生を両親や祖父母が心待ちにしている教材を通して，自分の命もかけがえのない命であり，これからはもっと大切にしたいという思いをもつことができました。

☆病気を抱えながらも一生懸命に生きる主人公の様子を道徳で学びました。命は誰にとっても一つしかないかけがえのないものであると考えることができました。

D　主として生命や自然、崇高なものとの関わりに関すること

D 自然愛護
身近な自然に親しみ，動植物に優しい心で接すること。

自分たちを取り巻く自然環境を大切にしたり，動植物を愛護したりすることに関する内容項目である。

（文部科学省「解説」より）

生活科の学習などを通して自然と触れ合っています。そうした体験を想起させ，自然に親しみ，動植物を大事に思う気持ちを育てていきましょう。

評価のキーワード
- ●自然に親しむ
- ●動物に優しく接する
- ●植物を大事に育てる
- ●自然の美しさやすばらしさを感じる

自然に親しむ

◎「〇〇〇〇」の学習を通して，身近な自然に親しみを感じ，公園には草や木などたくさんの植物があり，そこにはたくさんの生き物がいることを理解しました。自然を大切にしようとする心をもっています。

◎自然のすばらしさや美しさを題材にした教材から，自分の身の回りにもたくさんの自然があることに気が付きました。今後は，自然に親しみ，動物や植物にも優しく接する気持ちが高まりました。

○「〇〇〇〇」の学習では，生活科で行った校庭での春探しで，色とりどりの花が咲いていたことを思い出し，自然に親しんだ経験をもとに自然の美しさやすばらしさについて考えることができました。

☆「〇〇〇〇」の学習では，身近な自然について考えました。生活科で行った公園探検で多くの自然に触れたことなど，自然に親しんだ体験を想起しながら，学習に取り組みました。

動物に優しく接する

◎「〇〇〇〇」の学習では，身近な生き物の命を大事にしていたか，これまでの生活を振り返ることができました。これからは，生き物に優しく接したいという思いを更に深めました。

◎主人公とペットの様子から，生き物の気持ちを考えることの大切さに気付きました。これからは，生き物を大事に育てたいという気持ちが育まれていることが伝わってきました。

○「〇〇〇〇」の学習では，小さな虫も人間と同じようにたった一つしかないかけがえのない命をもっていることについて考え，生き物の命をもっと大切にしたいという思いを深めました。

☆動物の誕生をテーマにした教材を通して，動物の命について友達と話し合いました。今後は，学校で飼っているウサギを大事にして，抱くときも優しくしたいと考えることができました。

植物を大事に育てる

◎「〇〇〇〇」の学習では，朝顔は，種でその命をつないでいることを知りました。生活科で植物に親しんだ経験を思い出し，ほかの花についても関心を高め，植物を大切にしたいという思いが育っています。

◎命の学習を通して，人間だけでなく，動物にも植物にも大切な命があることに気が付きました。生活科で育てている朝顔の水やりを頑張って，大切に育てていきたいという気持ちが高まりました。

〇自然愛護の学習を通して，野菜栽培の経験をもとに少しずつ大きくなっていく植物の命の不思議さや力強さについて考えました。植物の命を大事に守って，育てていこうとする気持ちを深めました。

☆「〇〇〇〇」の学習を通して，生活科で育てているキュウリが枯れてしまったときのことを思い出しました。もっと植物を大事に育てたいという思いが育ちつつあります。

自然の美しさやすばらしさを感じる

◎「〇〇〇〇」の学習を通して，日本には四季折々の美しい風景があることを知りました。今後はこの美しい自然をたくさん知り，大切にしたいという思いが伝わってきました。

◎自然愛護の学習では，排気ガスが多い道路わきに育つ植物の姿から自然のたくましさを感じ取りました。今後は，道端に咲く小さな命を守りたいという思いをもつことができました。

〇自然をテーマにした道徳学習において，自然が織りなす様々な美しい風景写真をたくさん見ました。自然の美しさやすばらしさは，自分の生活の中にもあることに気付くことができました。

☆アスファルトから大きな野菜が育っている様子を教材文を通して初めて知りました。どうして野菜が芽を出すことができたのかと不思議に思い，自然の力強さと生命力に驚きました。

D 主として生命や自然、崇高なものとの関わりに関すること

D 感動，畏敬の念
美しいものに触れ，すがすがしい心をもつこと。

美しいものや崇高なもの，人間の力を超えたものとの関わりにおいて，それらに感動する心や畏敬の念をもつことに関する内容項目である。

（文部科学省「解説」より）

美しいものや清らかなものに素直に感動する体験を通して，すがすがしい心をもたせましょう。子どもが感動した気持ちを受け止め，共感することで，初々しい感性を育てていきましょう。

評価のキーワード
- 美しいものに触れる
- すがすがしい心をもつ
- 感動する
- 豊かな感性をもつ

美しいものに触れる

◎「○○○○」の学習では，相手を一途に思いやる主人公の気持ちの大切さに気付くことができました。自分も主人公のような美しい心をもてるようになりたいという気持ちが高まりました。

◎美しい心をテーマにした学習では，主人公が相手を思う崇高な行いには，美しい心があることに気が付きました。自分も人のために行った行動でうれしかった経験があることを振り返ることができました。

○「○○○○」の学習では，主人公の気持ちを考えることを通して，人の心の美しさに触れ，美しいものや気高いものについて，考えを深めることができました。

☆「○○○○」の学習では，登場人物の気持ちを理解しようとする姿が見られました。主人公が一生懸命に相手を思う心が美しい心につながることを考えることができました。

すがすがしい心をもつ

◎「○○○○」の学習では，主人公が母のことを一途に思い続ける気持ちを感じ取ることができました。すがすがしい心をもつ大切さをよく分かっています。

◎人の心の美しさについて理解を深めました。積極的に自分が美しいと思ったことを伝えたり，友達の意見をじっくりと聞いたりすることを通して，すがすがしい心を感じ取ることができました。

○「○○○○」の学習では，友達の意見を真剣に聞き，自分だけでは気付かなかった考えに触れることで，いろいろな視点から美しい心とはどのようなものかについて考えることができました。

☆「○○○○」の学習では，教師による読み聞かせに真剣な表情で耳を傾け，物語の世界に浸っていました。主人公のすがすがしい心に触れることができました。

感動する

◎「〇〇〇〇」の学習を通して，これまで，自分が美しいものを見て感動した経験を振り返ることができました。すがすがしい気持ちになったことを友達と共有することができました。

◎自然の美しさをテーマにした学習では，雄大な自然の景色を見て，感動していました。また，小さな花にも不思議さがたくさんあることを知り，自然の美しさへの考えを深めました。

◯朝日や雄大な自然の写真を教材とした学習では，その自然の美しさに素直に感動していました。これまで見た美しいと思うものについて，友達と伝え合うことができました。

☆「〇〇〇〇」の学習を通して，自然の美しさを知り，素直に感動していました。虹を見たときのことを思い出し，不思議な気持ちやうれしかった気持ちをみんなに伝えることができました。

豊かな感性をもつ

◎「〇〇〇〇」の学習を通して，自然にはすばらしいものや美しいものがたくさんあることに気付きました。これらを見て，素直に感動する心や豊かな感性を友達に伝えることができました。

◎人間の力を超えた美しい自然を見ることで，豊かな感性を働かせてその自然の力強さや生命力を想像し，感じ取ることができました。身近な自然にも関心を高めていました。

◯自然をテーマにした学習では，今まで見た美しいものについて友達と話し合ったり，写真を見たりすることで，自然の美しさやすばらしさを豊かな感性で感じ取ることができました。

☆道徳の学習において，日本各地の美しい風景を見ました。その自然のすばらしさに感動し，驚きの声を上げるなど，素直な感性で受け止めている姿が見られました。

D 主として生命や自然、崇高なものとの関わりに関すること

通知表の総合所見は、道徳科を含んだ各教科、外国語活動、特別活動など全教育活動において、子どもたちが学んだことが言動となって表れた姿を個人内評価として記入します。つまり、道徳科の評価ではなく、道徳教育の評価といってよいでしょう。

総合所見も子どもたちのよさに注目して記入することが基本です。自己評価や相互評価を生かしつつ、自分のよさを子どもたちが実感できるような文章にしましょう。そして、通知表の行動の欄の「基本的な生活習慣」「責任感」などの項目の評価と対応させるのが望ましいです。

善悪の判断，自律，自由と責任

◎小さなことでもよいことを進んでしていこうとする姿が、学校生活の中でも見られました。

◎正しい判断をして行動することの大切さに気付き、自分からよいことをするだけではなく、友達に呼びかける姿が見られて立派でした。

正直，誠実

◎うそやごまかしをしないことで、明るい心で楽しく生活できることに気付きました。クラスの中でも、伸び伸びと明るく生活できています。

◎日々の生活の中で、人の失敗を責めたり笑ったりしないで、明るく伸び伸び生活しようとする気持ちをもつことができました。学校生活の中で学習が生かされています。

節度，節制

◎規則正しい生活をすることのよさに気付き、自分の生活を振り返って改善し、基本的な生活習慣を身に付けることができています。

◎わがままをしないことの大切さを学びました。自分がやりたいことを我慢して、わがままをしないようにする姿が、クラスの中でも見られました。

個性の伸長

◎自分のよさは挨拶ができることだということに気付き、学校生活の中で、大きな声で元気よく挨拶をする姿がとてもすてきでした。

◎自分のよさがたくさんあることに気付き、そのよさを伸ばして、明るく元気に生活する姿が見られました。

第3章　低学年の所見＊文例集＊

希望と勇気，努力と強い意志

◎やるべきことをしっかり行う大切さに気付き，学習したことを学校生活に生かし，係活動に積極的に取り組む姿が見られました。

◎やるべきことをしっかり行う大切さに気付き，様々な教科に意欲的に取り組んでいます。学習したことを生かすことができています。

親切，思いやり

◎相手の気持ちを考えて行動することの大切さに気付き，学習を生かして，友達に親切にする姿が見られました。

◎身近な人に優しく接していきたいという気持ちをもつことができました。クラスの中で，困っている友達に優しく声をかける姿が見られました。

感謝

◎自分が周りのたくさんの人々の世話になっていることに気付きました。学校で世話をしてくれる用務員さんに，自分から感謝の気持ちを伝える姿が見られました。

◎自分がたくさんの人々に支えられていることを知りました。感謝の気持ちを大切にしたいと考え，上級生や先生に積極的にお礼を言うことができました。

礼儀

◎積極的に挨拶をしていきたいという気持ちをもつことができました。毎朝学校に来ると，大きな声で気持ちのよい挨拶をすることができています。

◎時や場面，相手に合った言葉遣いをすることの大切さを学びました。学んだことを生かして，相手に合わせた言葉遣いができました。

総合所見

友情，信頼

◎友達と仲よくすることのよさや大切さを学びました。休み時間に友達と仲よく過ごしたり，困っている友達を助けたりする姿が見られました。

◎友達とけんかをしたときには素直に謝ることの大切さに気付きました。学習を学校生活に生かし，けんかをしても上手に仲直りができるようになってきました。

規則の尊重

◎次に使う人のことを考えて，みんなの物を大切に使おうとする心情を高め，日々の生活でも学習したことを生かし，実践しています。

◎きまりの意義やよさについて理解し，なぜきまりを守るのかについて理由を示して考えを発表しました。学習のあともきまりについて友達と語り合う姿が見られました。

73

公正，公平，社会正義

◎仲のよい友達ばかりを大切にすることは，友達を差別することにつながることを感じ取り，学校生活において，誰に対しても分け隔てなく接するように心掛けている姿が見られました。

◎誰に対しても，公正，公平に接することができています。いじめを許さない強い気持ちをもっています。

勤労，公共の精神

◎進んで働くことの大切さを実感し，学習のあとには，係や給食当番などに熱心に取り組む姿が見られました。学習したことを学校生活に生かしています。

◎学級の係当番などでは，自分の役割を果たし，力を合わせて仕事をすることの大切さに気付くことができました。

家族愛，家庭生活の充実

◎家族をテーマにした学習を通して，家族に大切にされていることに気が付きました。そのあとで書いた作文には家族との出来事とともに，家族を大切にしたい気持ちがあふれていました。

◎家庭で手伝いをすることが増え，家族に喜ばれてうれしかったことをみんなに伝えました。学習したことを生かして生活していることが分かります。

よりよい学校生活，集団生活の充実

◎学校には自分の生活を支えてくれるたくさんの先生方がいることを知り，休み時間にも多くの先生方に積極的に関わろうとする姿が見られました。

◎みんながもっと楽しく過ごすためには，学級で仲よくなるように工夫することが大切だと考え，みんなで遊びを考えることが増えてきました。

伝統と文化の尊重，国や郷土を愛する態度

◎日本の伝統と文化について，道徳で学んだあと，日々の生活の中から，日本のよいところを見つけたり，友達と話し合ったりする姿が見られました。

◎「自分が住んでいる町のことをもっと知りたいので，調べてみたい」という気持ちをもち，郷土を大事にする心情を育んでいます。

国際理解，国際親善

◎外国にはどんな遊びがあるのかに興味をもち，積極的に図書室で調べる姿が見られました。

◎外国から友達が転校してきたときには，道徳科で学んだことを生かして，進んで話しかけたり，日本のことを教えたりすることで，仲よくなることができました。

生命の尊さ

◎生命の尊さを考える学習をしました。自分の生命はたった一つしかないかけがえのないものだから，その生命を守るためにも交通ルールを守り，けがをしないようにしたいと考え，実践しています。

◎生命の学習を通して，自分の生命も友達の生命も同じくらい大切であることに気付くことができました。これからは，友達に優しく，大切にしたいと考え，道徳科で学んだことを生活に生かそうとしています。

自然愛護

◎たくましく育つ自然の草花の命のすばらしさを感じ取り，校庭に咲く小さな花を大事そうに見つめる姿が見られました。

◎動植物にも大切な生命があることを学びました。虫取りをしても，大切に観察して育てたり，観察後は草むらに返したりするようになりました。学んだことが生活に生かされていると感じます。

感動，畏敬の念

◎読み聞かせの本に興味をもち，進んで読書をしています。人の心の美しさを感じ取る心をもっています。

◎学習を通して，身の回りには美しい自然がたくさんあることに気が付きました。これからは，この自然を守っていきたいと考え，小さな命を発見するなど自分にできることから始めています。

総合所見

資料

小学校学習指導要領解説 特別の教科 道徳編

第5章 道徳科の評価

第1節 道徳科における評価の意義

（「第3章 特別の教科 道徳」の「第3 指導計画の作成と内容の取扱い」の4）
　児童の学習状況や道徳性に係る成長の様子を継続的に把握し，指導に生かすよう努める必要がある。ただし，数値などによる評価は行わないものとする。

1　道徳教育における評価の意義

　学習における評価とは，児童にとっては，自らの成長を実感し意欲の向上につなげていくものであり，教師にとっては，指導の目標や計画，指導方法の改善・充実に取り組むための資料となるものである。

　教育において指導の効果を上げるためには，指導計画の下に，目標に基づいて教育実践を行い，指導のねらいや内容に照らして児童の学習状況を把握するとともに，その結果を踏まえて，学校としての取組や教師自らの指導について改善を行うサイクルが重要である。

　道徳教育における評価も，常に指導に生かされ，結果的に児童の成長につながるものでなくてはならない。「第1章 総則」の「第3 教育課程の実施と学習評価」の2の(1)では，「児童のよい点や進歩の状況などを積極的に評価し，学習したことの意義や価値を実感できるようにすること」と示しており，他者との比較ではなく児童一人一人のもつよい点や可能性などの多様な側面，進歩の様子などを把握し，年間や学期にわたって児童がどれだけ成長したかという視点を大切にすることが重要であるとしている。道徳教育においてもこうした考え方は踏襲されるべきである。

　このことから，学校の教育活動全体を通じて行う道徳教育における評価については，教師が児童一人一人の人間的な成長を見守り，児童自身の自己のよりよい生き方を求めていく努力を評価し，それを勇気付ける働きをもつようにすることが求められる。そして，それは教師と児童の温かな人格的な触れ合いに基づいて，共感的に理解されるべきものである。

2　道徳科における評価の意義

　「第3章 特別の教科 道徳」の第3の4において，「児童の学習状況や道徳性に係る成長の様子を継続的に把握し，指導に生かすよう努める必要がある。ただし，数値などによる評価は行わないものとする」と示している。これは，道徳科の評価を行わないとしているのではない。道徳科において養うべき道徳性は，児童の人格全体に関わるものであり，数値などによって不用意に評価してはならないことを特に明記したものである。したがって，教師は道徳科においてもこうした点を踏まえ，それぞれの授業における指導のねらいとの関わりにおいて，児童の学習状況や道徳性に係る成長の様子を様々な方法で捉えて，個々の児童の成長を促すとともに，それによって自らの指導を評価し，改善に努めることが大切である。

資料 小学校学習指導要領解説 特別の教科 道徳編 第5章 道徳科の評価

第2節　道徳科における児童の学習状況及び成長の様子についての評価

1　評価の基本的態度

　道徳科は，道徳教育の目標に基づき，各教科，外国語活動，総合的な学習の時間及び特別活動における道徳教育と密接な関連を図りながら，計画的，発展的な指導によって道徳性を養うことがねらいである。

　道徳性とは，人間としてよりよく生きようとする人格的特性であり道徳的判断力，道徳的心情，道徳的実践意欲及び態度を諸様相とする内面的資質である。このような道徳性が養われたか否かは，容易に判断できるものではない。

　しかし，道徳性を養うことを学習活動として行う道徳科の指導では，その学習状況や成長の様子を適切に把握し評価することが求められる。児童の学習状況は指導によって変わる。道徳科における児童の学習状況の把握と評価については，教師が道徳科における指導と評価の考え方について明確にした指導計画の作成が求められる。道徳性を養う道徳教育の要である道徳科の授業を改善していくことの重要性はここにある。

　道徳科で養う道徳性は，児童が将来いかに人間としてよりよく生きるか，いかに諸問題に適切に対応するかといった個人の問題に関わるものである。このことから，小学校の段階でどれだけ道徳的価値を理解したかなどの基準を設定することはふさわしくない。

　道徳性の評価の基盤には，教師と児童との人格的な触れ合いによる共感的な理解が存在することが重要である。その上で，児童の成長を見守り，努力を認めたり，励ましたりすることによって，児童が自らの成長を実感し，更に意欲的に取り組もうとするきっかけとなるような評価を目指すことが求められる。なお，道徳性は，極めて多様な児童の人格全体に関わるものであることから，評価に当たっては，個人内の成長の過程を重視すべきである。

2　道徳科における評価

（1）道徳科に関する評価の基本的な考え方

　道徳科の目標は，道徳的諸価値の理解を基に，自己を見つめ，物事を多面的・多角的に考え，自己の生き方についての考えを深める学習を通して，道徳的な判断力，心情，実践意欲及び態度を育てることであるが，道徳性の諸様相である道徳的な判断力，心情，実践意欲と態度のそれぞれについて分節し，学習状況を分析的に捉える観点別評価を通じて見取ろうとすることは，児童の人格そのものに働きかけ，道徳性を養うことを目標とする道徳科の評価としては妥当ではない。

　授業において児童に考えさせることを明確にして，「道徳的諸価値についての理解を基に，自己を見つめ，物事を多面的・多角的に考え，自己の生き方についての考えを深める」という目標に掲げる学習活動における児童の具体的な取組状況を，一定のまとまりの中で，児童が学習の見通しを立てたり学習したことを振り返ったりする活動を適切に設定しつつ，学習活動全体を通して見取ることが求められる。

　その際，個々の内容項目ごとではなく，大くくりなまとまりを踏まえた評価とすることや，他の児童との比較による評価ではなく，児童がいかに成長したかを積極的に受け止めて認め，励ます個人内評価として記述式で行うことが求められる。

　道徳科の内容項目は，道徳科の指導の内容を構成するものであるが，内容項目について単に知識として観念的に理解させるだけの指導や，特定の考え方に無批判に従わせるような指導であってはならない。内容項目は，道徳性を養う手掛かりとなるものであり，内容項目に含まれる道徳的諸価値の理解を基に，自己を見つめ，物事を多面的・多角的に考え，自己の生き方についての考えを深める学習を通して，「道徳性を養う」ことが道徳科の目標である。このため，道徳科の学習状況の評価に当たっては，道徳科の学習活動に着目し，年間や学期といった一定の時間的なまとまりの中で，児童の学習状況や道徳性に係る成長の様子を把握する必要がある。

資料

こうしたことを踏まえ，評価に当たっては，特に，学習活動において児童が道徳的価値やそれらに関わる諸事象について他者の考え方や議論に触れ，自律的に思考する中で，一面的な見方から多面的・多角的な見方へと発展しているか，道徳的価値の理解を自分自身との関わりの中で深めているかといった点を重視することが重要である。このことは道徳科の目標に明記された学習活動に着目して評価を行うということである。道徳科では，児童が「自己を見つめ」「多面的・多角的に」考える学習活動において，「道徳的諸価値の理解」と「自己の生き方についての考え」を，相互に関連付けることによって，深い理解，深い考えとなっていく。こうした学習における一人一人の児童の姿を把握していくことが児童の学習活動に着目した評価を行うことになる。

　なお，道徳科においては，児童自身が，真正面から自分のこととして道徳的価値に多面的・多角的に向き合うことが重要である。また，道徳科における学習状況や道徳性に係る成長の様子の把握は，児童の人格そのものに働きかけ，道徳性を養うという道徳科の目標に照らし，児童がいかに成長したかを積極的に受け止めて認め，励ます視点から行うものであり，個人内評価であるとの趣旨がより強く要請されるものである。これらを踏まえると，道徳科の評価は，選抜に当たり客観性・公平性が求められる入学者選抜とはなじまないものであり，このため，道徳科の評価は調査書には記載せず，入学者選抜の合否判定に活用することのないようにする必要がある。

（2）個人内評価として見取り，記述により表現することの基本的な考え方

　道徳科において，児童の学習状況や道徳性に係る成長の様子をどのように見取り，記述するかということについては，学校の実態や児童の実態に応じて，教師の明確な意図の下，学習指導過程や指導方法の工夫と併せて適切に考える必要がある。

　児童が一面的な見方から多面的・多角的な見方へと発展させているかどうかという点については，例えば，道徳的価値に関わる問題に対する判断の根拠やそのときの心情を様々な視点から捉え考えようとしていることや，自分と違う立場や感じ方，考え方を理解しようとしていること，複数の道徳的価値の対立が生じる場面において取り得る行動を多面的・多角的に考えようとしていることを発言や感想文，質問紙の記述等から見取るという方法が考えられる。

　道徳的価値の理解を自分自身との関わりの中で深めているかどうかという点についても，例えば，読み物教材の登場人物を自分に置き換えて考え，自分なりに具体的にイメージして理解しようとしていることに着目したり，現在の自分自身を振り返り，自らの行動や考えを見直していることがうかがえる部分に着目したりするという視点も考えられる。また，道徳的な問題に対して自己の取り得る行動を他者と議論する中で，道徳的価値の理解を更に深めているかや，道徳的価値の実現することの難しさを自分のこととして捉え，考えようとしているかという視点も考えられる。

　また，発言が多くない児童や考えたことを文章に記述することが苦手な児童が，教師や他の児童の発言に聞き入ったり，考えを深めようとしたりしている姿に着目するなど，発言や記述ではない形で表出する児童の姿に着目するということも重要である。

　さらに，年間や学期を通じて，当初は感想文や質問紙に，感想をそのまま書いただけであった児童が，学習を重ねていく中で，読み物教材の登場人物に共感したり，自分なりに考えを深めた内容を書くようになったりすることや，既習の内容と関連付けて考えている場面に着目するなど，1単位時間の授業だけでなく，児童が一定の期間を経て，多面的・多角的な見方へと発展していたり，道徳的価値の理解が深まったりしていることを見取るという視点もある。

　ここに挙げた視点はいずれについても例示であり，指導する教師一人一人が，質の高い多様な指導方法へと指導の改善を行い学習意欲の向上に生かすようにするという道徳科の評価の趣旨を理解した上で，学校の状況や児童一人一人の状況を踏まえた評価を工夫することが求められる。

資料 小学校学習指導要領解説 特別の教科 道徳編 第5章 道徳科の評価

（3）評価のための具体的な工夫

道徳科における学習状況や道徳性に係る成長の様子を把握するに当たっては，児童が学習活動を通じて多面的・多角的な見方へ発展させていることや，道徳的価値の理解を自分との関わりで深めていることを見取るための様々な工夫が必要である。

例えば，児童の学習の過程や成果などの記録を計画的にファイルに蓄積したものや児童が道徳性を養っていく過程での児童自身のエピソードを累積したものを評価に活用すること，作文やレポート，スピーチやプレゼンテーションなど具体的な学習の過程を通じて児童の学習状況や道徳性に係る成長の様子を把握することが考えられる。

なお，こうした評価に当たっては，記録物や実演自体を評価するのではなく，学習過程を通じていかに道徳的価値の理解を深めようとしていたか，自分との関わりで考えたかなどの成長の様子を見取るためのものであることに留意が必要である。

また，児童が行う自己評価や相互評価について，これら自体は児童の学習活動であり，教師が行う評価活動ではないが，児童が自身のよい点や可能性に気付くことを通じ，主体的に学ぶ意欲を高めることなど，学習の在り方を改善していくことに役立つものであり，これらを効果的に活用し学習活動を深めていくことも重要である。発達の段階に応じて，年度当初に自らの課題や目標を捉えるための学習を行ったり，年度途中や年度末に自分自身を振り返る学習を工夫したりすることも考えられる。

さらに，指導のねらいに即して，校長や教頭などの参加，他の教師と協力的に授業を行うといった取組も効果的である。管理職をはじめ，複数の教師が一つの学級の授業を参観することが可能となり，学級担任は，普段の授業とは違う角度から児童の新たな一面を発見することができるなど，児童の学習状況や道徳性に係る成長の様子をより多面的・多角的に把握することができるといった評価の改善の観点からも有効であると考えられる。

（4）組織的，計画的な評価の推進

道徳科の評価を推進するに当たっては，学習評価の妥当性，信頼性等を担保することが重要である。そのためには，評価は個々の教師が個人として行うのではなく，学校として組織的・計画的に行われることが重要である。

例えば，学年ごとに評価のために集める資料や評価方法等を明確にしておくことや，評価結果について教師間で検討し評価の視点などについて共通理解を図ること，評価に関する実践事例を蓄積し共有することなどが重要であり，これらについて，校長及び道徳教育推進教師のリーダーシップの下に学校として組織的・計画的に取り組むことが必要である。校務分掌の道徳部会や学年会あるいは校内研修会等で，道徳科の指導記録を分析し検討するなどして指導の改善に生かすとともに，日常的に授業を交流し合い，全教師の共通理解のもとに評価を行うことが大切である。

また，校長や教頭などの授業参加や他の教師との協力的な指導，保護者や地域の人々，各分野の専門家等の授業参加などに際して，学級担任以外からの児童の学習状況や道徳性に係る成長の様子について意見や所感を得るなどして，学級担任が児童を多面的・多角的に評価したり，教師自身の評価に関わる力量を高めたりすることも大切である。

なお，先に述べた，校長や教頭などの参加，他の教師と協力的に授業を行うといった取組は，児童の変容を複数の目で見取り，評価に対して共通認識をもつ機会となるものであり，評価を組織的に進めるための一つの方法として効果的であると考えられる。

このような，組織的・計画的な取組の蓄積と定着が，道徳科の評価の妥当性，信頼性等の担保につながる。また，こうしたことが，教師が道徳科の評価に対して自信を持って取り組み，負担感を軽減することにもつながるものと考えられる。

（5）発達障害等のある児童や海外から帰国した児童，日本語習得に困難のある児童等に対する配慮

　発達障害等のある児童に対する指導や評価を行う上では，それぞれの学習の過程で考えられる「困難さの状態」をしっかりと把握した上で必要な配慮が求められる。

　例えば，他者との社会的関係の形成に困難がある児童の場合であれば，相手の気持ちを想像することが苦手で字義通りの解釈をしてしまうことがあることや，暗黙のルールや一般的な常識が理解できないことがあることなど困難さの状況を十分に理解した上で，例えば，他者の心情を理解するために役割を交代して動作化，劇化したり，ルールを明文化したりするなど，学習過程において想定される困難さとそれに対する指導上の工夫が必要である。

　そして，評価を行うに当たっても，困難さの状況ごとの配慮を踏まえることが必要である。前述のような配慮を伴った指導を行った結果として，相手の意見を取り入れつつ自分の考えを深めているかなど，児童が多面的・多角的な見方へ発展させていたり道徳的価値を自分のこととして捉えていたりしているかといったことを丁寧に見取る必要がある。

　発達障害等のある児童の学習状況や道徳性に係る成長の様子を把握するため，道徳的価値の理解を深めていることをどのように見取るのかという評価資料を集めたり，集めた資料を検討したりするに当たっては，相手の気持ちを想像することが苦手であることや，望ましいと分かっていてもそのとおりにできないことがあるなど，一人一人の障害により学習上の困難さの状況をしっかりと踏まえた上で行い，評価することが重要である。

　道徳科の評価は他の児童との比較による評価や目標への到達度を測る評価ではなく，一人一人の児童がいかに成長したかを積極的に受け止めて認め，励ます個人内評価として行うことから，このような道徳科の評価本来の在り方を追究していくことが，一人一人の学習上の困難さに応じた評価につながるものと考えられる。

　なお，こうした考え方は，海外から帰国した児童や外国人の児童，両親が国際結婚であるなどのいわゆる外国につながる児童について，一人一人の児童の状況に応じた指導と評価を行う上でも重要である。これらの児童の多くは，外国での生活や異文化に触れてきた経験などを通して，我が国の社会とは異なる言語や生活習慣，行動様式を身に付けていると考えられる。また，日本語の理解が不十分なために，他の児童と意見を伝え合うことなどが難しかったりすることも考えられる。それぞれの児童の置かれている状況に配慮した指導を行いつつ，その結果として，児童が多面的・多角的な見方へと発展させていたり道徳的価値を自分のこととして捉えていたりしているかといったことを，丁寧に見取ることが求められる。その際，日本語を使って十分に表現することが困難な児童については，発言や記述以外の形で見られる様々な姿に着目するなど，より配慮した対応が求められる。

第3節　道徳科の授業に対する評価

1　授業に対する評価の必要性

　学習指導要領「第1章 総則」には，教育課程実施上の配慮事項として，「児童のよい点や進歩の状況などを積極的に評価し，学習したことの意義を実感できるようにすること。また，各教科等の目標の実現に向けた学習状況を把握する観点から，単元や題材など内容や時間のまとまりを見通しながら評価の場面や方法を工夫して，学習の過程や成果を評価し，指導の改善や学習意欲の向上を図り，資質・能力の育成に生かすようにすること」として学習評価を指導の改善につなげることについての記述がある。

　道徳科においても，教師が自らの指導を振り返り，指導の改善に生かしていくことが大切であり，授業の評価を改善につなげる過程を一層重視する必要がある。

資料 小学校学習指導要領解説 特別の教科 道徳編 第5章 道徳科の評価

2 授業に対する評価の基本的な考え方

　児童の学習状況の把握を基に授業に対する評価と改善を行う上で，学習指導過程や指導方法を振り返ることは重要である。教師自らの指導を評価し，その評価を授業の中で更なる指導に生かすことが，道徳性を養う指導の改善につながる。

　明確な意図をもって指導の計画を立て，授業の中で予想される具体的な児童の学習状況を想定し，授業の振り返りの観点を立てることが重要である。こうした観点をもつことで，指導と評価の一体化が実現することになる。

　道徳科の学習指導過程や指導方法に関する評価の観点はそれぞれの授業によって，より具体的なものとなるが，その観点としては，次のようなものが考えられる。

ア　学習指導過程は，道徳科の特質を生かし，道徳的価値の理解を基に自己を見つめ，自己の生き方について考えを深められるよう適切に構成されていたか。また，指導の手立てはねらいに即した適切なものとなっていたか。

イ　発問は，児童が多面的・多角的に考えることができる問い，道徳的価値を自分のこととして捉えることができる問いなど，指導の意図に基づいて的確になされていたか。

ウ　児童の発言を傾聴して受け止め，発問に対する児童の発言などの反応を，適切に指導に生かしていたか。

エ　自分自身との関わりで，物事を多面的・多角的に考えさせるための，教材や教具の活用は適切であったか。

オ　ねらいとする道徳的価値についての理解を深めるための指導方法は，児童の実態や発達の段階にふさわしいものであったか。

カ　特に配慮を要する児童に適切に対応していたか。

3 授業に対する評価の工夫

ア　授業者自らによる評価

　授業者自らが記憶や授業中のメモ，板書の写真，録音，録画などによって学習指導過程や指導方法を振り返ることも大切である。録音や録画で授業を振り返ることは，今まで気付かなかった傾向や状況に応じた適切な対応の仕方などに気付くことにもなる。児童一人一人の学習状況を確かめる手立てを用意しておき，それに基づく評価を行うことも考えられる。

イ　他の教師による評価

　道徳科の授業を公開して参観した教師から指摘を受けたり，ティーム・ティーチングの協力者などから評価を得たりする機会を得ることも重要である。その際，あらかじめ重点とする評価項目を設けておくと，具体的なフィードバックが得られやすい。

4 評価を指導の改善に活かす工夫と留意点

　道徳科の指導は，道徳性の性格上，1単位時間の指導だけでその成長を見取ることが困難である。そのため，指導による児童の学習状況を把握して評価することを通して，改めて学習指導過程や指導方法について検討し，今後の指導に生かすことができるようにしなければならない。

　児童の道徳性を養い得る質の高い授業を創造するためには，授業改善に資する学習指導過程や指導方法の改善に役立つ多面的・多角的な評価を心掛ける必要がある。また，道徳科の授業で児童が伸びやかに自分の感じ方や考え方を述べたり，他の児童の感じ方や考え方を聞いたり，様々な表現ができたりするのは，日々の学級経営と密接に関わっている。

　道徳科における児童の道徳性に係る成長の様子に関する評価においては，慎重かつ計画的に取り組む必要がある。道徳科は，児童の人格そのものに働きかけるものであるため，その評価は安易なものであってはならない。児童のよい点や成長の様子などを積極的に捉え，それらを日常の指導や個別指導に生かしていくよう努めなくてはならない。

文部科学省「小学校学習指導要領解説　特別の教科　道徳編」より

[編著者]

道徳評価研究会
代表　尾高正浩（おだか・まさひろ）

1959年生まれ。東京学芸大学初等教育教員養成課程卒業。千葉市立園生小学校，千葉県長期研修生（道徳），打瀬小学校，千葉市教育委員会指導課，桜木小学校長，轟町小学校長，松ケ丘小学校長を経て，現在，植草学園大学非常勤講師。上級教育カウンセラー。千葉県教育研究会道徳教育部会会長。著書に，『「価値の明確化」の授業実践』（単著：明治図書），『子どもと教師の心がはずむ道徳学習』（共著：東洋館出版社），『「心のノート」とエンカウンターで進める道徳』『11の徳を教える』『すぐできる"とびっきり"の道徳授業1』『ワークシートでできる「道徳科」授業プラン』（以上，編著：明治図書）他

[執筆者]

岡田直美　千葉市立磯辺第三小学校　校 長
森　美香　千葉大学 教育学部
　　　　　教員養成開発センター　准教授
金子由香　千葉市立幕張東小学校　　教 諭
多田幸城　千葉市教育委員会　　　　指導主事
野村未帆　千葉市立鶴沢小学校　　　教 諭
宮澤　長　千葉市立誉田小学校　　　教 諭

（所属は，2024年1月現在）

「特別の教科 道徳」の評価
通知表所見の書き方&文例集 小学校 低学年

2018年 3 月 1 日　第 1 刷発行
2024年 2 月10日　第13刷発行

編著者／尾高正浩
発行者／河野晋三
発行所／株式会社 日本標準
　　　　〒350-1221　埼玉県日高市下大谷沢91-5
　　　　電話　04-2935-4671
　　　　FAX　050-3737-8750
　　　　URL　https://www.nipponhyojun.co.jp/

表紙・編集協力・デザイン／株式会社 コッフェル
イラスト／うつみちはる
印刷・製本／株式会社 リーブルテック

◆乱丁・落丁の場合はお取り替えいたします。

ISBN 978-4-8208-0634-9

日本標準の教育図書
「特別の教科 道徳」授業シリーズ

全国の教師が開発した道徳授業を厳選して紹介。子どもの興味を引き出す身近な素材を使用し，他人の気持ちや考えを理解し，適切な行動をとる力を身につけることのできる道徳授業を目指す。明日からの授業にすぐに役立つ実践集。

佐藤幸司 編著

とっておきの道徳授業
―オリジナル実践35選
現場の教師が身の回りから創りだした実践記録！
ISBN 978-4-8208-0046-0　B5／160頁／1715円

とっておきの道徳授業2
―オリジナル教材開発35選
素材の教材化など教材開発の「技」が見えてくる！
ISBN 978-4-8208-0047-7　B5／160頁／1800円

とっておきの道徳授業3
―オリジナル授業創り35選
授業創りの方法が見えてくるオリジナル35選！
ISBN 978-4-8208-0127-6　B5／160頁／1800円

とっておきの道徳授業4
―「あい」で創る35の道徳授業
「あい」で創る道徳授業。子どもたちに伝えたい35のメッセージ。
ISBN 978-4-8208-0243-3　B5／160頁／1800円

とっておきの道徳授業5
―道徳授業が開く35の希望の扉
メディアを活用した授業創りのワザがズバリわかる。
ISBN 978-4-8208-0265-5　B5／160頁／1800円

とっておきの道徳授業6
―「ここ一番」に強いオリジナル実践35選
「ここ一番」で底力を発揮する35の授業を収録！
ISBN 978-4-8208-0281-5　B5／160頁／1800円

とっておきの道徳授業7
―現場発！本気の道徳授業35選
教育再生の切り札になるオリジナル実践記録を35本収録。
ISBN 978-4-8208-0374-4　B5／160頁／1800円

とっておきの道徳授業8
―今 大切な道徳授業35選
今，子どもたちに伝えたい大切なメッセージ。
ISBN 978-4-8208-0413-0　B5／160頁／1800円

とっておきの道徳授業9
―道徳授業 春夏秋冬 35選
他教科などの教育活動にも対応した授業35本！
ISBN 978-4-8208-0449-9　B5／160頁／1800円

とっておきの道徳授業10
―道徳のチカラ ベスト35
子どもへのあふれんばかりの思いをこめた授業35本。
ISBN 978-4-8208-0539-7　B5／160頁／1800円

とっておきの道徳授業11
―明日に向かって歩む30＋1の道徳授業
"道徳の原点"に戻ることができる授業が満載！
ISBN 978-4-8208-0559-5　B5／160頁／2000円

とっておきの道徳授業12
―教室発！今だからこそ自分でつくる道徳授業30選
オリジナルの授業実践で，道徳の時間の活性化を!!
ISBN 978-4-8208-0571-7　B5／160頁／2000円

とっておきの道徳授業13
―「特別な教科」への期待に応えるオリジナル授業30選
「道徳科」の未来を切り拓く30の実践!!
ISBN 978-4-8208-0590-8　B5／160頁／2000円

とっておきの道徳授業14
―アクティブ・ラーナーが育つオリジナル授業30選
「考える道徳」「議論する道徳」を即実践!!
ISBN 978-4-8208-0610-3　B5／160頁／2000円

とっておきの道徳授業15
―「特別な教科 道徳」時代のオリジナル授業30選
創意あふれる指導で「道徳科」が楽しくなる！
ISBN 978-4-8208-0633-2　B5／160頁／2000円

とっておきの道徳授業16
―絶対外さない！鉄板の道徳授業30選
NIEの実践，いじめ問題対応など魅力ある授業実践が満載！
ISBN 978-4-8208-0652-3　B5／160頁／2000円

とっておきの道徳授業17
―質的転換！令和時代の道徳授業30選
"5つの勘どころ"で，魅力ある道徳授業をつくる！
ISBN 978-4-8208-0685-1　B5／160頁／2000円

とっておきの道徳授業18
―実力はエース級 盤石の道徳授業30選
vs./withコロナの道徳授業で，コロナに負けないきれいな心を育てる。
ISBN 978-4-8208-0704-9　B5／160頁／2000円

とっておきの道徳授業19
―多様性の時代，さんさんと輝く道徳授業30選
旬な素材で，子どもたちの心に響くオリジナル道徳授業を！
ISBN 978-4-8208-0718-6　B5／160頁／2000円

鈴木健二 編著
学級経営に生きる
5分でできる 小さな道徳授業1・2
1年間の学級経営の節目で短時間で気軽にできる小・中学校対応の実践例を多数紹介。子どもが変わり成長する！
1 ISBN 978-4-8208-0703-2　B5／120頁／1800円
2 ISBN 978-4-8208-0712-4　B5／120頁／1800円

※価格は，本体価格です。

● ● ● ● ● ● ● 日 本 標 準 の 教 育 図 書 ● ● ● ● ● ● ●

西岡加名恵　石井英真　編著
教科の「深い学び」を実現するパフォーマンス評価 「見方・考え方」をどう育てるか
新学習指導要領のキーワード「深い学び」を実現し，資質・能力を育てるためにはどうしたらよいのか。教科の「見方・考え方」を働かせて「深い学び」を実現するためのパフォーマンス課題とその評価のあり方を提案する。
ISBN 978-4-8208-0654-7　B5／152頁／2200円

奥村好美　西岡加名恵　編著
「逆向き設計」実践ガイドブック 『理解をもたらすカリキュラム設計』を読む・活かす・共有する
「逆向き設計」論の名著『理解をもたらすカリキュラム設計』を読み解き，高度な資質・能力を評価するためのパフォーマンス評価を実践に役立てる！「逆向き設計」がコンパクトにわかるとともに，大阪市立本田小学校での授業実践例を紹介。
ISBN 978-4-8208-0690-5　B5／164頁／2200円

石井英真　編著
小学校発 アクティブ・ラーニングを超える授業 質の高い学びのヴィジョン「教科する」授業
資質・能力を育て学びの質を追求する京都市立高倉小学校，香川大学教育学部附属高松小学校，愛知県豊川市立一宮南部小学校，秋田大学教育文化学部附属小学校４校の学校ぐるみの実践を提案！アクティブ・ラーニングを超える新たな授業像を展望する。
ISBN 978-4-8208-0609-7　B5／192頁／2400円

田中耕治・岸田蘭子　監修　京都市立高倉小学校研究同人・京都大学大学院教育学研究科教育方法研究室　著
資質・能力を育てる カリキュラム・マネジメント
読解力を基盤とする教科の学習とパフォーマンス評価の実践
なぜカリキュラム・マネジメントが必要なのか，その考え方が分かり，読解力を基盤とする教科・領域をつなぐカリキュラム・マネジメントの実践を掲載。年間指導計画（1〜6年）付き。
ISBN 978-4-8208-0631-8　B5／128頁／2200円

中村和弘　編著
資質・能力ベースの小学校国語科の授業と評価 「読むこと」の授業はどう変わるか
子どもの資質・能力を大きく育て，「主体的・対話的で深い学び」を実現する国語科の授業づくりとは？「説明的な文章」「文学的な文章」の授業と評価がわかる一冊。
ISBN 978-4-8208-0639-4　B5／176頁／2400円

滝井　章　著
深い学びで思考力をのばす 算数授業18選　1〜3年／4〜6年
新学習指導要領で求められる「主体的な学び」「対話的な学び」「深い学び」が実現できるオープンエンドの問題を扱った授業を提案。そのまま使える指導案とワークシート付き！
ISBN 978-4-8208-0642-4 ／0643-1　B5／各128頁／各2000円

安野　功　編著
教師がつくる　新しい社会科の授業 ── 授業づくりにおける5つのキーワード
社会科で育む「資質・能力」，社会科における「主体的・対話的で深い学び」など，新しい社会科の授業づくりのアイディアとプランを提案する。新学習指導要領で社会科の授業は，こうすればよい！
ISBN 978-4-8208-0627-1　B5／136頁／2200円

寺本貴啓　編著
これからはじめる"GIGA" 全学年・全単元×1人1台端末×活用事例
小学校理科　3・4年／5・6年
1人1台端末時代の「理科授業における効果的な端末の使い方」を提案する。「6つの活用法」で，検索・蓄積・確認・整理・共有・習得のどの機能をどんな場面に使えばよいか具体的にわかる！
3・4年　ISBN 978-4-8208-0722-3　B5／120頁／2000円
5・6年　ISBN 978-4-8208-0723-0　B5／144頁／2200円

※価格は，本体価格です。